君は玉音放送を聞いたか

ラジオと戦争

秋山久
Hisashi Akiyama

旬報社

はじめに

この本は、日本でラジオ放送が始まった一九二五（大正一四）年三月二二日から一九四五（昭和二〇）年八月一五日の敗戦までのおよそ二〇年間に、満州事変、日中戦争、太平洋戦争と相次いで起こった戦争をラジオがどのように伝えたかを検証したものである。

日本でラジオ放送実施の機運が高まったのは、一九二三（大正一二）年九月一日に発生した関東大震災（死者・不明者一〇万五〇〇〇人）が契機だった。欧米ではすでにラジオブームが高まっており、日本にもラジオがあれば、震災でこれほど多くの犠牲者を出さずにすんだのではないか、という声が上がっていた。

ラジオ放送開始の記念式典で、後藤新平東京放送局総裁は、①文化の機会均等、②家庭生活の革新、③教育の社会化、④経済活動の敏活化という高い理想を掲げた。しかし、それはまもなく厳しい検閲の下での国策放送の始まりだったことが明らかになる。最初に開局した東京、次いで開局した大阪、名古屋の三放送局による社団法人日本放送協会の設立総会（一九二六年八月）では、安達謙蔵逓信相が「放送事業は国家的事業と申してよく、その事業はほとんど国務に準ずる」と述べている。

この言葉のとおり、戦争が勃発すると、ラジオ放送は「国策放送」となった。太平洋戦争の場合、放送の番組指導に当たったのは情報局第二部第三課（放送課）で、検閲の基準は「大東亜戦争放送しるべ」（のちに「大東亜戦争放送指針彙報《いほう》」）に例示されていた。それは次の四項目に照らして「依命中止」「極秘」「禁止」「不可」「差し止め」を行うという厳しいものだった。

1. 現在国民に対し、放送適当なりや否や
2. 日本的・枢軸的観点にありや否や
3. 政府に協力的なりや否や
4. 敵に逆用されるおそれなきや否や

こうした方針のもと、太平洋戦争中に行われた「戦時放送」は大本営発表八四六回を含め四五ヶ月間続いた。検閲が厳しくなるとそれを避けるため先に自ら削除し、しだいに積極的に戦争協力への道を歩んでいった。

その実態は具体的にどうだったのか。この本を書くに当たって次の四つの柱を立てた。

〈第1章「終戦詔書」が放送されるまで〉では、ポツダム宣言をめぐる日米の短波放送による交信内容のほか、ポツダム宣言受諾の可否について「徹底抗戦派」と「和平派」との間で交わされた攻防を中心に取り上げた。本土決戦を唱え、クーデター計画を企てた一部青年将校は近衛師団長を殺害し、ニセの近衛師団命令を発令して宮城（皇居）、放送局を一時占拠した。そうした混乱のなかで、日本の運

命を決した「玉音放送」は侍従、放送局員らの活躍で危うく幻の放送になるところをまぬがれた。天皇の一回目の「聖断」後も阿南惟幾陸相名の「徹底抗戦」布告を放送するよう強要する場面もあった。

〈第2章　戦争の犠牲者三一〇万人〉では、軍国美談のなか、前線の戦闘で、また銃後での空襲と広島・長崎への原爆投下でいかに多くの犠牲者が出たかを検証した。広島の被爆をラジオが伝えたのは一三時間後の「八月六日午後九時」だった。真珠湾攻撃で米戦艦アリゾナに撃突して命を失った特攻隊員はのちに「九軍神」として崇められたが、戦死が「海ゆかば」とともに放送されたのは三ヶ月後の翌年三月六日だった。一人生き残って捕虜第一号になった特攻隊員の消息は伏せられたままで、出発前に撮った集合写真からも姿を消された。

〈第3章　政府の監視下で始まった放送〉では、検閲放送・国策放送の具体例を挙げた。日中戦争の端緒となった盧溝橋事件の勃発時は原稿が手元にありながら放送の許可が二時間四〇分出なかった。太平洋戦争では番組表にない天気予報が海外放送に流れ、「日米開戦す。直ちに暗号書を焼却せよ」という暗号指令が駐英米大使館宛てに送られた。ラジオが一大国家プロジェクト満蒙開拓に果たした役割を長野放送局の例にみる。葬送行進曲となった「海ゆかば」、少国民の歌「お山の杉の子」誕生の経緯も紹介する。

〈第4章　国策放送からGHQラジオコードへ〉では、敗戦直前、阿南陸相が〝一億特攻〟をマイクで呼び掛けたものの、疲弊した国民は身心ともに力つきつつあったこと、その一方で、「玉音放送」後も徹底抗戦派の抵抗が国の内外で激しかったことを追った。放送は活字メディアに半世紀遅れてスタートしたこともあり、ラジオニュースの原稿は初めから自前ではなく、新聞社・通信社に頼らざるを得なかった。新聞社・通信社からの同じ原稿でも、放送の速報性と影響力の大きさから、検閲で差し止めになるものもあった。敗戦後は一転した。内幸町の放送会館は一部がＧＨＱに接収され、進駐軍向けの放送が開始された。日本のラジオ放送はＧＨＱのラジオコードにしたがって再び検閲を受けることになり、原爆投下に関する話題など進駐軍に批判的なニュースはすべて禁止された。しかし、ＧＨＱ時代の「ファイスナー・メモ」と呼ばれる放送制度の精神は不偏不党など現在に続く放送法四条の基となっていることは忘れないでおきたい。

番外として載せた「『玉音放送』録音原盤のナゾ」は長年抱いていた疑問をそのまま綴ったもので、筆者の間違いであればそれを指摘する人が現れるのを待ちたい。

高校時代以来長い付き合いのあった畏友中村政則一橋大学名誉教授（故人）は近現代史の著書を多く残したが、彼が教えてくれた一つに「歴史は同じことをくりかえさない。それをくりかえすのは人間だ」というフランスの哲学者ヴォルテールの言葉がある。

振り返ってみると、特定秘密保護法、「共謀罪」法、集団的自衛権の限定行使を可能とした安保関連法が制定され、自民党はいよいよ憲法九条に自衛隊の存在を明記する形での改正手続きに向けて積極的に動き出した。

メディアに対しては、すでに言論統制の兆候が見え始めている。ＰＫＯ活動だが、イラク戦争にともなう自衛隊のイラク・クウェート派遣では当時の防衛庁がメディア各社に取材活動の自粛を求めた。また、南スーダンで「戦闘」という言葉が使われ「廃棄」したという陸上自衛隊部隊の「日報」問題が国会で組織的な隠蔽だと追及された。

最後に、筆者が『20世紀放送史』（日本放送協会編、二〇〇一年）の「玉音放送」の項目を担当した時、取材に応じてくれた方々のなかでいまでも脳裏を離れない次の二人の言葉を記しておく。

その一人は、侍従として身をもって録音盤を死守した徳川義寛元侍従長だ。「Cedunt arma togae（武は文に譲る）。これは終戦の日の日記に記入した言葉です。武具を捨て、平時の長衣（トーガ）に着替えたローマ人の気持ちを現わした古句です」。

もう一人は、ラジオニュースの責任者として放送局に乱入した将校と対峙して「玉音放送」の実施に当たった柳澤恭雄氏だ。

「私の放送人としての仕事は戦争とともにあった。大本営発表とともにあったとも言える。一生懸命やればやるほど間違いを犯す地位で仕事をやっていた。この責任は永久に残る。それを反省する私の『戦後』は終わることはない」。

筆者の願いはただ一つ。次世代を担うジャーナリストたちがジャーナリズムの対極にあるような仕事を強いられないですむ世の中になることを望むばかりである。

二〇一八（平成三〇）年八月

著者

※本文中に記載した方々の肩書は当時のままで、敬称は省略させていただきました。

君は玉音放送を聞いたか——ラジオと戦争◉目次

第2章　戦争の犠牲者三一〇万人

番　外

コラム

第1章

「終戦詔書」が放送されるまで

一　君は「終戦詔書」を読んだか

1　天皇、「日本民族の滅亡」を訴える

敗戦から七二年の憲法記念日。安倍晋三首相は二〇二〇年までに憲法を改正して第九条に三項を設け、新しく自衛隊の存在を明記したいと発言した。自由民主党の憲法改正草案ではすでに「国防軍」の創設を決めている。憲法改正が焦眉のこととなりつつある今、現行憲法の原点である「終戦詔書」を君は、あなたは読んだことがあるだろうか。読んでいない人がいたらぜひ読んで欲しい。そこでは、昭和天皇が「敵ハ新ニ残虐ナル爆弾ヲ使用シテ頻ニ無辜ヲ殺傷」しているとして、日本民族を滅亡から救うため終戦を決意したと訴えていた。

真珠湾攻撃で始まった太平洋戦争は三年八ヶ月後の一九四五（昭和二〇）年八月一五日に敗戦を迎えた。戦況は、当初、マニラ、シンガポール、フィリピン・コレヒドール島などで連戦連勝。しかし、半年後のミッドウェー海戦以後、負け戦となり、一年数ヶ月後にはガダルカナル島、アッツ島などで玉砕、撤退が続き、二年半後、マリアナ沖海戦、サイパン陥落と敗色が決定的になった。ここで開戦時の東條英機内閣は総辞職した。

次の小磯国昭内閣も「戦争完遂」をスローガンに「一人一殺」同様の「神風特攻隊」を繰り出すな

どして戦争を継続。開戦三年六ヶ月後の一九四五年六月二三日には、沖縄守備軍が全滅。その後の鈴木貫太郎内閣はポツダム宣言を「黙殺」するなどして終戦の機会を失い、広島、長崎への原爆投下、ソ連の参戦という道を辿り、日米両軍ともいよいよ日本本土決戦を目の前に迎える段階となった。

この戦争の犠牲者は当時の厚生省調べで、日本三一〇万人（陸海軍二一〇万人、民間一〇〇万人）、アジア二〇〇〇万人にのぼった。

『昭和天皇実録』[1]、『昭和天皇独白録　寺崎英成御用掛日記』[2]によると、天皇は戦争継続か終戦か揺れ動いた。一九四五（昭和二〇）年四月三〇日には、東郷茂徳外相からドイツの崩壊や戦争続行の可能性について報告を受けたさい、「早期終戦を希望」している。さらに日を追ってみると、逆に六月八日には御前会議で本土決戦の方針を確認している。ところが、翌六月九日には梅津美治郎陸軍参謀総長から、また、六月一二日には長谷川清海軍戦力査察使から戦争継続や本土決戦は絶望的であるという報告を受け、六月二〇日に東郷茂徳外相に対して「なるべく速やかに戦争を終結することに取り運ぶよう希望する……」と述べている。六月二二日になると、最高戦争指導会議（阿南惟幾陸軍相、梅津美治郎陸軍参謀総長、豊田副武軍令部総長、鈴木貫太郎首相、米内光政海相、東郷茂徳外相）のメンバー六人を皇居に呼び、およそ次のように発言した。

「戦争の指導についてはさきに御前会議において決定をみたるところ、他面、戦争の終結についても此の際従来の観念にとらわるる《（ママ）》ことなく、速やかに具体的研究を遂げ、之が実現に努力せんことを望む」。

二〇万人が犠牲となった沖縄ではこの懇談会の翌六月二三日、牛島満司令官、長勇参謀長の自決で組織的な戦闘は終わった。

終戦詔書の大意は次の五点に絞られよう。

① (米英支ソ四ヶ国が無条件降伏を求めている)ポツダム宣言を受諾する

② 「米英二国に宣戦」を布告したのは、「帝国の自存と東亜の安定」を求めるためで、「他国の主権を排し、領土を侵す」のは自分の意思ではなかった

③ (原爆投下とソ連の参戦で)「世界の大勢、我に利あらず」これ以上、戦争を継続すれば、民族が滅亡する

④ 戦没者の遺族を思えば心痛の至りだ

⑤ これからは「国体を護持し」国体の精華を高めて欲しい

この終戦詔書の原案の起草者は誰か。いろいろな説があるが、迫水久常内閣書記官長の死後公表された国立国会図書館の記録によると、「八月一〇日の『聖断』の際の天皇の発言を基に、川田、安岡の協力で私が書いた」とあり、さらに、外交官でありマッカーサー元帥と天皇との会見を通訳した寺崎英成御用掛の『昭和天皇独白録』には「八月一四日の御前会議前後」の項に「この会議の事は迫水の手記に出ている」と天皇自ら述べているので、迫水説で間違いないとみていいだろう。

「川田」とは漢学者で内閣嘱託の川田瑞穂早稲田大学教授であり、「安岡」とは陽明学者の安岡正篤《まさひろ》

大東亜省顧問だった。他に内閣嘱託の木原通夫らが関わっていたと言われている。

2 「玉音放送」実施に軍部の抵抗

この詔書を現人神《あらひとがみ》であった天皇の肉声でラジオを通じて全世界に放送するよう提言したのは下村宏（海南）情報局総裁だった。何よりも最前線で闘っている兵士に戦闘中止を伝達するにはこの方法しかないという判断で、天皇自身、八月一〇日の最初の「聖断」の際、「いつでもマイクの前に立つ」と述べていた。しかし、放送までには多くの難関があった。

八月一五日の「玉音放送」実施の前々日、あくまでも徹底抗戦を叫ぶ陸軍の青年将校らは「八月一四日正午」をめざしてクーデターの準備を進めていた。昭和天皇の二回目の「聖断」の前に決行しようというねらいだった。前日の一四日、阿南惟幾陸相からクーデター計画の練り直しを命じられ作り直した第二案は次のとおりだった。

① 近衛第一師団をもって宮城（皇居）を警護し、外部との交通を遮断する。

② 東部軍をもって都内各要点に兵力を配置し要人を保護し、放送局等を押さえ、たとえ「ご聖断」が下ってもこの態勢を堅持して聖慮の変更を待つ。

③ 四者の意見の一致を前提とする。（四者とは、阿南惟幾陸相、米内光政海相、梅津美治郎陸軍参謀総長、豊田副武軍令部総長——筆者）

これを知った昭和天皇の側近は、御前会議の予定を繰り上げて八月一四日午前一一時から開催し、そこで二回目の「聖断」でポツダム宣言受諾を正式に決定した。

御前会議の席では、徹底抗戦派の阿南陸相と戦争終結派の東郷外相の間で激しい応酬が続いた。しかし、天皇は自らが特命した長谷川の九十九里浜視察の報告を挙げて、阿南陸相を詰問したという。「（本土決戦になったら）大砲など使える武器が満足にないというではないか、それで戦えるのか」。

午後二時、閣議で「玉音放送」の実施を決定。放送は録音で行うこととし、午後三時三〇分には皇居内に録音機設置も完了した。

ところが、迫水内閣書記官長が示した「終戦の詔書」原案をめぐって閣議が六時間にわたり紛糾し、阿南陸相の発議で次の二ヶ所が修正された。

全文の一五行目の「各々最善ヲ尽セルニ拘ラス戦局」の後の「日ニ非ニシテ」とあるのは「これでは負け戦だ」として「必スシモ好転セス」と書き換えられ、さらに三五行目の「朕ハ茲ニ」の後に、「国体ヲ護持シ得テ」が挿入された。(3)

最終的には、四ヶ所修正することになり、すでに天皇の名が書かれた奉書に張り紙をした。国立公文書館展示の「終戦の詔書」にその跡が見られる。

一部将校らは阿南陸相の国務大臣副署の署名を阻止し、内閣総辞職へ追い込み、阿南内閣の実現を画策した。しかし、クーデター計画第二案にあった近衛第一師団長と東部軍司令官に協力を拒否されたうえ、一致が前提の四者の一人梅津陸軍参謀総長の反対で陸軍中枢のクーデターは挫折した。阿南陸相自身も天皇がポツダム宣言受諾を決めた以上もう反対できないと側近に言ったという。

そうした動きを不服とした一部青年将校は森赳近衛第一師団長を惨殺した後、森師団長名でニセ師団命令を出し、皇居と放送局に乱入して、「玉音放送」の録音盤と天皇の御璽奪取、それにラジオによる戦争継続の決起の放送を意図したが、失敗に終わった。

3　昭和天皇のクーデター回顧

昭和天皇は、軍部クーデターについて次のように回顧している。

「ポツダム宣言受諾の詔書は一四日午後九時過ぎに署名したので、之ですべて確定したと思ったが、陸軍省は、放送がなければ効力がないと思ったか、放送妨害の手段に出た。荒畑軍事課長（荒尾軍事課長の間違いと見られる――筆者）が、近衛師団長に、偽命令を出して欲しいと強要した。森（赳）近衛師団長は立派な人で、この強要に頑強に反抗した為殺された。そして師団参謀長と荒畑との名で偽命令書が発せられた。宮内省の電話線は切断せられ、御文庫（天皇の住まい）の周囲も兵により包囲された。……」(4)

さらに、『昭和天皇独白録』の「結論」では、太平洋戦争の開戦時に東條内閣の決定に従ったことを回顧し「最初の私の考えは正しかった」とし、「陸海軍の兵力の極度に弱った終戦の時に於いてすら無条件降伏に対し『クーデター』様のものが起こった位だから、若し開戦の閣議決定に対し私が『ベトー』を行ったとしたら、一体どうなっただろうか」と述べている。天皇自身の戦争責任については明らかにしていない。

◇「終戦詔書」全文と修正点

終戦詔書（「大東亜戦争終結に関する詔書」）は独立行政法人国立公文書館（東京・千代田区北の丸公園）に展示されている。以下、内閣の罫紙に書かれた四四行の文章をそのまま一行ずつ区切り、解説の便宜上、行ごとにナンバーをふって、修正点と一部言葉の注釈を加えた。

「大東亜戦争終結に関する詔書」

1 朕深ク世界ノ大勢ト帝国ノ現状トニ鑑ミ非
2 常ノ措置ヲ以テ時局ヲ収拾セムト欲シ茲ニ忠
3 良ナル爾臣民ニ告ク
4 朕ハ帝国政府ヲシテ米英支蘇四国ニ対シ
5 其ノ共同宣言ヲ受諾スル旨通告セシメタ
6 リ
7 抑々帝国臣民ノ康寧ヲ図リ萬邦共栄ノ楽
8 ヲ偕ニスルハ皇祖皇宗ノ遺範ニシテ朕ノ拳々
9 措カサル所曩ニ米英二国ニ宣戦セル所以モ
10 亦実ニ帝國ノ自存ト東亜ノ安定トヲ庶幾
11 スルニ出テ他国ノ主権ヲ排シ領土ヲ侵スカ如キ
12 ハ固ヨリ朕カ志ニアラス然ルニ交戦已ニ四歳

ヲ閲シ朕カ陸海将兵ノ勇戦朕カ百僚有司ノ励精朕カ一億衆庶ノ奉公各々最善ヲ尽セルニ拘ラス戦局必スシモ好転セス世界ノ大勢亦我ニ利アラス加之敵ハ新ニ残虐ナル爆弾ヲ使用シテ頻ニ無辜ヲ殺傷シ惨害ノ及フ所真ニ測ルヘカラサルニ至ル而モ尚交戦ヲ継続セムカ終ニ我カ民族ノ滅亡ヲ招来スルノミナラス延テ人類ノ文明ヲモ破却スヘシ斯ノ如クムハ朕何ヲ以テカ億兆ノ赤子ヲ保シ皇祖皇宗ノ神霊ニ謝セムヤ是レ朕カ帝国政府ヲシテ共同宣言ニ応セシムルニ至レル所以ナリ

朕ハ帝国ト共ニ終始東亜ノ解放ニ協力セル諸盟邦ニ対シ遺憾ノ意ヲ表セサルヲ得ス帝国臣民ニシテ戦陣ニ死シ職域ニ殉シ非命ニ斃レタル者及其ノ遺族ニ想ヲ致セハ五内為ニ裂ク且戦傷ヲ負ヒ災禍ヲ蒙リ家業ヲ失ヒタル者ノ厚生ニ至リテハ朕ノ深ク軫念スル所ナリ惟フニ今後帝国ノ受クヘキ苦難ハ

固ヨリ尋常ニアラス爾臣民ノ衷情モ 朕善ク之ヲ知ル然レトモ朕ハ時運ノ趨ク所堪ヘ難キヲ堪ヘ忍ヒ難キヲ忍ヒ以テ万世ノ為ニ太平ヲ開カムト欲ス

朕ハ茲ニ国体ヲ護持シ得テ忠良ナル爾臣民ノ赤誠ニ信倚シ常ニ爾臣民ト 共ニ在リ若シ夫レ情ノ激スル所濫ニ事端ヲ滋クシ或ハ同胞排擠互ニ 時局ヲ乱リ為ニ大道ヲ誤リ信義ヲ世界ニ失フカ如キハ朕最モ之ヲ戒ム宜シク挙国一家子孫相伝ヘ確ク神州ノ不滅ヲ信シ任重クシテ道遠キヲ念ヒ総力ヲ将来ノ建設ニ傾ケ道義ヲ篤クシ志操ヲ鞏クシ誓テ国体ノ精華ヲ発揚シ世界ノ進運ニ後レサラムコトヲ期スヘシ爾臣民其レ克ク朕カ意ヲ体セヨ

御名御璽

昭和二十年八月十四日

各国務大臣副署

内閣総理大臣男爵　鈴木貫太郎

海軍大臣　米内　光政
司法大臣　松阪　広政
陸軍大臣　阿南　惟幾
軍需大臣　豊田貞次郎
厚生大臣　岡田　忠彦
国務大臣　桜井兵五郎
国務大臣　左近司政三
国務大臣　下村　宏
大蔵大臣　広瀬　豊作
文部大臣　太田　耕造
農商大臣　石黒　忠篤
内務大臣　安倍　源基
外務大臣兼大東亜大臣　東郷　茂徳
国務大臣　安井　藤治
運輸大臣　小日山直登

《修正点と注釈》

15　阿南陸相発議で書き換え：【日ニ非ニシテ】の上に【必スシモ好転セス】と張り紙

16 阿南陸相発議で書き換え：【爆弾ヲ使用シ】の後に【テ頻ニ無辜ヲ殺傷シ】を挿入
17 阿南陸相発議で書き換え：【測ルヘカラサル】の後に【ニ至ル】を張り紙
27〜28 安岡案採用：【五内為ニ裂ク】＝「（寝食安からず、断腸の思い）の意味」
29 天皇：録音の際「失ヒタル者ノ厚生ニ至リテハ」の【ノ】を飛す
（天皇は三回目の録音希望。そのころ、反乱軍の不穏な気配があり、「二回で録音は終了」が定説——筆者）
32 閣僚多数の発議で書き換え：【命ズル】を【趨ク】と張り紙
34 安岡案採用：【太平ヲ開カムト欲ス】＝「（戦から平和な世の中に）の意味」
35 阿南陸相発議で挿入：【国体ヲ護持シ得テ】
36 石黒農商相提案で削除：【常ニ】の後の「神器を奉じて」を削除
45 御名御璽＝反乱軍が奪取めざす
46 昭和二十年八月十四日＝「終戦詔書」の日付は八月十五日ではないことに注目
47 各国務大臣副署＝阿南陸相が拒否すれば内閣総辞職につながるところだった

この「終戦詔書」は、八月一五日正午の時報の後、前夜遅く皇居で録音された天皇の肉声で放送された。「ただ今より重大なる発表があります。全国聴取者の皆様ご起立を願います。重大発表であります」との和田信賢放送員のアナウンスがあり、君が代吹奏のあと、下村宏情報局総裁が続けた。「天皇陛下におかせられましては、全国民に対し、かしこくもおん自ら大詔を宣らせたもうことになりました。これより謹みて玉音をお送り申します(5)」。

こうして始まった「玉音放送」だったが、これより四五分前の一一時一五分ごろ、ハプニングが起こった。録音再生の準備が整った第八スタジオに下村総裁をはじめ、東部軍、宮内省、放送局の代表一〇人が入った直後、スタジオの入り口近くで一人の陸軍少尉が「これが終戦の放送なら斬る」と激高し、軍刀に手をかけてスタジオに入ろうとした。幸いそばにいた東部軍参謀が取り押さえ、事なきを得る一幕があった。それほど軍部の反発が激しかった「玉音放送」だった。

敗戦時、国内のラジオ受信機数は空襲で一七〇万台が失われたため、国民一四人に一人の割合の六三〇万台だった。しかし、国民の一人ひとりが自分で確かめずにはいられない気持ちから、職場で、家庭で、街頭で、駅頭でこぞってラジオに耳を傾けた。海外にいる出征兵士と在外邦人に向けても、短波の中継で国内と同時に放送されたが、一部の地域では軍隊が放送の中継を拒否したことから、終戦の趣旨や命令が十分伝わらず、なおしばらく抗戦態勢をとる部隊や将兵がみられた。

二　短波で和平交渉

1　姿なき武器

終戦詔書、「大東亜戦争終結に関する詔書」の放送に至る道のりのなかで、ソ連などへの外交交渉とは別に、「姿なき武器」として海外向けの短波放送があり、よく知られているのが「東京ローズ」の名でも知られる「ゼロ・アワー」だ。一方でドイツが降伏すると、日本に対しても厭戦気分を煽るデマや反戦思想宣伝のための米側のプロパガンダ放送が盛んになり、日本側もこれを妨害する電波（防圧放送）を発信し、応戦した。

米側放送のなかの一つに、「ザカライアス放送」と呼ばれるＯＷＩ（米戦時情報局）の短波ラジオ放送があった。米側はこの放送を通じて「日本側が無条件降伏をするならば国体護持、天皇制には触れない」と「徹底抗戦派」の主張をけん制するボールを投げてきた。本土決戦になれば双方に莫大な犠牲者が出ることは必至だった。これをキャッチした同盟通信、日本放送協会、外務省の「和平派トリオ」は日本放送協会の海外放送「ラジオ・東京」を通じて対話をはじめた。その内容は、逐一、天皇の耳にも入っていたという。

米国の海外向け放送ＶＯＡ（ボイス・オブ・アメリカ）の日本語放送が開始されたのは一九四二（昭和一七）年二月だった。当然、日本の放送傍受の役割も兼ねている。一九四四（昭和一九）年後半になると、大統領の行政命令で日本の放送を傍受し、整理・分析するＦＢＩＳ（前身はＦＢＭＳ＝外国放送諜報局）と日本向けに放送を発信するＯＷＩ（米戦時情報局）の二つになった。

「ザカライアス放送」は、対日無条件降伏宣伝工作を最大の任務として誕生し、ＯＷＩがＦＢＩＳの情報をもとに実施した。放送内容はワシントンで日本語と英語で録音し、サンフランシスコ放送局から短波で日本向けに毎週一回一五分ずつ放送した。番組名は、放送を計画し、実際に放送を担当したエリス・ザカライアス海軍大佐（Capt.Ellis M. Zacharias）の名前をとっている。

海軍諜報局に勤務していたザカライアス大佐は諜報作戦のプロだった。東京の駐日米国大使館に二度勤務したこともある。その間、一九二三（大正一二）年九月の関東大震災も経験し、日本通で流暢な日本語を話した。

一回目の「ザカライアス放送」はドイツが降伏した一九四五（昭和二〇）年五月七日の翌日の八日から始まった。この日の内容は、トルーマン米大統領の「対独勝利声明」に続いて「日本の陸海軍が無条件降伏により武器を放棄するまで、われわれは攻撃の手を止めないだろう」というものだった。

トルーマン米大統領が発表した対日声明文は、トルーマンの写真付きで日本語に訳されビラとして投下された。トルーマンは、日本国民と軍部とを明確に区別しながら、日本軍が無条件降伏するまで攻撃を続けると警告した。同時に、日本軍の無条件降伏は、日本国民の「抹殺」や「奴隷化」を意味するのではなく、むしろ日本を「破滅の淵に誘引」している軍部の消滅、前線で戦う兵士たちの「愛する家族」のもとへの復帰、そして「現在の艱難苦痛」の終わりを意味すると説いた。

この日、同じ内容のビラがB29から大量に撒かれた。以後、この放送は、日米の水面下の「和平工作」が絶望的になるまで一四回続いた。日本側でもこの放送はすべて外務省、同盟通信、日本放送協会などで傍受していたが、日本でこの放送が聞ける短波受信機は、五〇〇台程度だった。一般国民は中波のラジオ以外の所持を禁止されていたからだ。また、中波でもサイパンからいわゆる「謀略放送」が行われたが、日本側の妨害（防圧放送）で、一般国民はほとんど聞くことができなかった。

「ザカライアス放送」の放送日と内容は以下のようなものだった。

第一回　五月八日（火）トルーマン大統領声明。

第二回　五月一二日（土）トルーマン声明繰り返し。

第三回　五月一九日（土）トルーマン声明繰り返し。「無条件降伏は日本の絶滅を意味しない」と力説。

第四回　五月二六日（土）トルーマン声明繰り返し。「無条件降伏は日本の絶滅を意味しない」と力説。

◇日本側、検討を始める。

第五回　六月二日（土）

◇日本側、「降伏の条件を知らせよ。」の回答。

第六回　六月九日（土）鈴木首相が第八七回臨時議会で行った「国体護持」発言に対応するかのように、「無条件降伏は戦争の終結を意味し、日本国民の絶滅や奴隷化を意味するものではない」と強調。

第七回　六月一六日（土）

第八回　六月二三日（土）「沖縄の戦いは終わった」「いまわれわれは日本へのドアを開こうとしている」

第九回　六月三〇日（土）「情け容赦のないわが軍の進撃は、日本の戸口まできている」「戦争が長引けば長引くだけ、日本国民が耐え忍ばなければならない被害と困苦とは大きなものになろう」

第一〇回　七月七日（土）「日本の運命はあなた（鈴木首相）の手中にある」「次に動くのは日本である」

第一一回　七月一四日（土）

第一二回　七月二一日（土）

第一三回　七月二八日（土）「日本は……主権を持つ存在として継続する」と譲歩の姿勢。

第一四回　八月四日（土）日本の回答を急きたてる。[6]

また、山本武利が一橋大学教授だったとき米国立公文書館で発見した資料によると、サイパン陥落後、ＯＳＳ（戦略事務局、ＣＩＡ＝中央情報局の前身）がサンフランシスコ放送のスタジオで録音し、サイパン送信所を通じて一二四本（一九四五年四月二三日〜八月一五日）を中波（日本放送協会と同じＡＭの周波数）で放送していた事実も明らかになった。放送内容は、日系人が日本人捕虜にも協力させ、軍の監視の下、日本語を使い日本国内で制作したように装った。「こちらは国民の声です」というアナウンスで始まるこの放送は、非公認の放送局が流す宣伝放送を名乗っていた。オオイシトシオという「愛国的日本人」が「軍部と政府は今後進むべき道を失っている」として、開戦時の東條英機首相や軍部を批判し、語りの合間に日本政府に禁止された歌謡曲を流した。[7]

このほか、駐在武官として日本に勤務したＳ・マッシュビル陸軍大佐が同四五年六月にマニラ放送

局から日本語で降伏の呼び掛けをしている。(8)

2 厳しい対日世論

ここで、米国内の対日世論をみておこう。戦争末期の米国の日本人観なり、天皇観なりにはまことに厳しいものがあった。米国のメディアには日本を凶暴なゴリラにたとえて描く風刺漫画が氾濫していた。ローカル紙中心の米国では日米開戦まで、日本についての報道は少なく、日本に対する米国民の知識は乏しかった。そこへいきなり真珠湾攻撃があり、〝ジャップ〟の〝卑劣な闇討ち〟という反日感情が燃え上がった。テレビプロデューサーで『記者たちの日米戦争』の著者木村栄文は「〝鬼畜米英〟は憎悪と敵意の表現だが、〝ジャップ〟は憎悪と敵意に差別意識が加わっている(9)」と書いている。

戦争責任を問う世論は非常に厳しい。米国の世論調査会社「ギャラップ」は、一九四五(昭和二〇)年六月はじめ、ひそかに天皇に関する世論調査を試みた。テーマは「戦争の後日本の天皇をどう処置すべきか」というものであり、設問に対する回答は次のとおりだった。

・殺せ。拷問し餓死させよ　三六％
・処罰または流刑にせよ　二四％
・裁判にかけ有罪なら処罰せよ　一〇％
・戦争犯罪人として扱え　七％
・なにもするな　四％

・傀儡として利用せよ　三％
・その他　四％
・わからない　一二％

これをみると、米国民の七七％が天皇の処罰を要求している。この「ギャラップ」調査の結果は米国政府に報告されたが、公表はされなかった[10]。

こうした世論を背景に、米統合参謀本部は、「対日攻撃最終戦力計画」を立てた。その一つは暗号名「オリンピック」と名付けられた九州上陸作戦。もう一つは暗号名「コロネット」という一九四六年三月一日の本州（東京平野）上陸作戦だった。このうち、「オリンピック」作戦は、一九四五（昭和二〇）年六月一八日、ホワイトハウスのゴーサインが出た。一一月一日に薩摩半島の吹上浜、大隅半島の志布志湾、宮崎県南部の海岸の三方面から上陸開始というものだった。これに投入される戦力は全兵力一〇七万四六〇〇人が予定された。

強硬策をとる一方で、「米があくまでも無条件降伏を強く要求した場合、日本は本土決戦に持ち込み、さらに多くの犠牲者が出るのではないか、それなら日本の要求する『国体護持』を認めてもいいのではないか」といった意見が出ていた。

「ザカライアス放送」の目的について、元ＯＷＩサンフランシスコ放送局のクロード・バス局長は、一九八〇（昭和五五）年放送の番組で、ＮＨＫの取材に対して次のように述べている。

「放送の最も重要な使命は無条件降伏という言葉が意味することを日本側に説明することだった。民族の伝統や生活習慣を簡単に放棄することは誰も望まないということをわれわれは理解していた。だから無条件降伏の意味を明確に説明することがザカライアスの重要な任務だった。つまり無条件降伏とは日本国民の奴隷化でもなく、生活習慣を変えることでもなく、それは軍隊の降伏だけを求めるものである[11]」。

3 国体護持で応酬

『ピース・トーク　日米電波戦争』の著者北山節郎は、メリーランド州にある米国立公文書館を訪れ、そこにＯＷＩ（米戦時情報局）が傍受した日本の放送記録が数多く残されているのを知った。放送を録音し、英訳し、日付ごとに分類し、カード化されたもの（五インチ×八インチ）が二万枚あったという。大分類「日本」、中分類「プロパガンダ・ライン」があり、そのなかに「ピース・トーク」として「ザカライアス放送」があった。そのほかに、原爆投下を非難する放送記録のカードは「アトロシティズ（残虐行為）」として分類されていた。人名も、天皇、東條英機、東郷茂徳、井口貞夫（外務省スポークスマン）ら五六人の資料が発見されている[12]。

「ザカライアス放送」は、初めのうちはシャワーのように降っていた電波による対日工作の一つとして無視されていたようだ。「和平派」の東郷茂徳外相でさえ「この前から米国は日本に無条件降伏を求めるとか、また間もなく日本は無条件降伏を申出すであろうとかいう放送を盛んにやったのであるが、日本は無条件降伏を為すの条件（ママ）にないので、……米国の此の宣伝は日本における講和気運の醸成にすくならざる障害になった[13]」と回顧している。

ところが、三回目の放送（五月一九日）で、ザカライアス大佐が「降伏は日本の絶滅を意味しない」というメッセージを伝えてきたため、日本側も和平打診の性格をもっていることに注目するようになった。

最初に、「ザカライアス放送の呼びかけに応じてみよう」と考えたのは大屋久寿雄編成部長（日本放送協会海外局）だった。大屋部長はかつて一緒に働いたことのある井上勇情報部長（同盟通信海外局）に声をかけた。これに稲垣一吉対外報道課情報官（外務省情報局第三部）が加わる形でトライが始まった。対外報道の現場責任者は制度的に政府情報機構に組み込まれていたので、「和平派」トリオはそれぞれの上司の暗黙の了解を得て対応することになったとみていい。

日本側が初めて反応したのは四回目の放送（五月二六日）後で、そこで井上は「無条件降伏方式になんらかの変更があるならば、日本は和平条件を討議する用意がある。降伏の条件を知らせよ」とさぐりを入れている。

これに対して、米側は「日本は条件を提示できる」と答え、ここで初めて日米の「対話」が成立した。井上が「もっと具体的に」と言うと、ザカライアスは「日本の無条件降伏とは、軍隊が解体され、兵士が復員することだ」と応え、「無条件降伏とはもともと貴国の山下奉文将軍がシンガポールで使用した言葉ではないか」と反論してきた。

ポツダム宣言発表直後の一三回目の放送（七月二八日）では、井上は「日本には日本自身の条件がある」と国体護持などの条件を主張し、ザカライアスは「日本は……主権を持つ存在として継続する」と譲歩の姿勢をみせている。

しかし、和平を模索するキャッチボールもここまでだった。最後の放送になった一四回目（八月四日）は、広島原爆投下直前で、ザカライアスが日本の回答を急きたててきた。これに対して、井上は「そう急ぎなさんな。日本は歴史あって初めて外国との戦争に敗けるんだ。そしてあなたは知らないが、東京の町は今はもうないんだよ。見た限りの焼野原で、人は掘立小屋を建てて住んでるんだ。そういうなかにある政府がどんな立場にあるかわかっているだろう、だからまあ気長に返答を待ってくれ」と答えている。

これが日本側からの九回目の対応で、対話はすれ違ったままだった。日本の無条件降伏は残念ながらそれから一〇日余り後になる。(14)

ザカライアス大佐は、一九四五（昭和二〇）年一一月一七日号のサタデー・イブニング・ポスト誌に「ザカライアス放送」の顛末を詳しく記している。そのなかで、七月二一日付けワシントン・ポスト紙に匿名で寄稿し、国体護持で日本に譲歩の用意があることをほのめかし、米国内でセンセーションを巻き起こしたことや、さらに、米政府の公式スポークスマンとして放送のテキストを新聞発表し、日本側の井上博士（井上勇同盟通信情報部長のこと）から放送で回答があったことを紹介している。

4 天皇の決断に影響も

昭和天皇は戦争終結に当たって、国内はもとより、世界とりわけ米国の世論の動向に耳目を傾けていたようだ。とくにドイツ降伏後、トルーマン大統領が対日声明で「日本国民の『抹殺』や『奴隷化』を意味するものではない」と敷衍していることに注視していた。

加瀬俊一の『日本がはじめて敗れた日』（山手書房、一九八三年）には、「無条件降伏を緩和または解明せよと議論が、漸増しつつ、我が方の傍聴所を通じて流入した。これらの報道は、適切な分析ののち、毎日遅滞なく政府要路に配布された。このうちには、もちろん、陛下も含まれていた」と記している。加瀬俊一、東郷外相秘書官らは「（ザカライアス放送の内容は）実は、（天皇の）お耳に入っているんです。入るようにしたのは我々です」と述べており、天皇の弟宮である高松宮を通じて伝えたという(15)。

昭和天皇がいつごろ本気で終戦を考えるようになったのか。それは終戦の一年以上前からという説もあるが、公の行動としては、鈴木貫太郎海軍大将を首相に起用したとき（四月五日）ではないか。小磯国昭内閣が重慶政府との和平交渉に失敗して総辞職した後である。鈴木首相自身天皇の意を体してイタリアのパドリオ（ムッソリーニ解任後、首相になり、連合国と降伏交渉を進めた）政権を意識していた。

それを察知した軍部は、鈴木首相が陸軍大臣に阿南惟幾陸軍大将の就任を要請したときには、「あくまで大東亜戦争を完遂すること」を受け入れの条件に突き付けていた。

それから二ヶ月後の六月八日、御前会議は「本土決戦方針」を決めた。戦争指導大綱には、「七生尽忠の信念を源力とし、地の利、人の和を以て飽くまで戦争を完遂し以て国体を護持し、皇土を保衛し征戦目的の達成を期す」とある。これによって、戦争の大義は「自存自衛」「大東亜共栄圏の建設」から「国体護持」「皇土保衛」つまり、天皇制の擁護と本土防衛に変更された。

しかし、昭和天皇は、この決定を深く憂慮していた。このときは何も発言をしなかったが、六月二二日の御前会議では慣例を破って、阿南陸相ら三人の「徹底抗戦派」に「あくまで戦争を継続すべきは尤ものことなるも、また一面時局収拾につき考慮することも必要なるべし」と発言している。これは事実上、戦争継続の方針を戦争終結の方向に転換させる「お言葉」だった。

八月一四日の第二回の「聖断」を下した御前会議については、そのときの御前会議で天皇は最後まで国体護持を要求する阿南陸相に「連合国の回答文書を疑いたくない」と述べている[16]。

天皇は「ザカライアス放送」などを通じて得た「無条件降伏」の意味を理解し、「連合国の回答文書を疑いたくない」と述べていたのに違いない。

三　ポツダム宣言受諾に軍部が反発

1　ポツダム宣言、傍受

太平洋戦争末期、ドイツが降伏（一九四五年五月七日）した前後、日本でも硫黄島（三月一七日）、沖縄（六月二六日）が米軍の手に落ち、いよいよ本土決戦かという段階を迎えていた。そのころ米英ソ三国の首脳は、戦後処理についてベルリン郊外にあるポツダムで会談。七月二六日（現地時間）には米、英、支三国宣言として、日本に無条件降伏を求めるポツダム宣言が発表された。

それを日本側が傍受したのは七月二七日（金）午前四時三〇分（午前六時説もある）だった。太平洋戦争下の外国通信傍受機関六ヶ所のうちの一つ、同盟通信の川越傍受所が、ロイター通信のロンドン発南米向け送信を傍受している。

その内容は、ただちに内閣、外務省、軍部に伝えられた。続いて、他の傍受機関でも一三項目にわたる宣言文をキャッチし、一部では蠟管に録音したものを再生しながらチェックして、日本語に翻訳された。

ポツダム宣言そのものの報道は、情報局が「一切事前検閲を要するものとす」（午後四時三〇分）とし、「（午後）七時のニュースにて発表」する方針を決めた。しかし、この方針が出る前に、日本の海外向け報道が多くのニュースを流していたことが、米側の記録から判明している。それに比べて、国内各紙は探すのが困難なくらい目立たない小さな扱いだった。

◇ポツダム宣言
米、英、支三国宣言
（一九四五年七月二六日「ポツダム」ニ於テ）

一、吾等合衆国大統領、中華民国国政府主席及「グレート・ブリテン」国総理大臣ハ吾等ノ数億ノ国民ヲ代表シ協議ノ上日本国ニ対シ今次ノ戦争ヲ終結スルノ機会ヲ与フルコトニ意見一致セリ

二、合衆国、英帝国及中華民国ノ巨大ナル陸、海、空軍ハ西方ヨリ自国ノ陸軍及空軍ニ依ル数倍ノ増強ヲ受ケ日本国ニ対シ最後的打撃ヲ加フルノ態勢ヲ整ヘタリ右軍事力ハ日本国カ抵抗ヲ終止スルニ至ル迄同国ニ対シ戦争ヲ遂行スルノ一切ノ連合国ノ決意ニ依リ支持セラレ且鼓舞セラレ居ルモノナリ

三、蹶起セル世界ノ自由ナル人民ノ力ニ対スル「ドイツ」国ノ無益且無意義ナル抵抗ノ結果ハ日本国国民ニ対スル先例ヲ極メテ明白ニ示スモノナリ現在日本国ニ対シ集結シツツアル力ハ抵抗スル「ナチス」ニ対シ適用セラレタル場合ニ於テ全「ドイツ」国人民ノ土地、産業及生活様式ヲ必然的ニ荒廃ニ帰セシメタル力ニ比シ測リ知レサル程更ニ強大ナルモノナリ吾等ノ決意ニ支持セラルル吾等ノ軍事力ノ最高度ノ使用ハ日本国軍隊ノ不可避且完全ナル壊滅ヲ意味スヘク又同様必然的ニ日本国本土ノ完全ナル破壊ヲ意味スヘシ

四、無分別ナル打算ニ依リ日本帝国ヲ滅亡ノ淵ニ陥レタル我儘ナル軍国主義的助言者ニ依リ日本国カ引続キ統御セラルヘキカ又ハ理性ノ経路ヲ日本国カ履ムヘキカヲ日本国カ決意スヘキ時期ハ到来セリ

五、吾等ノ条件ハ左ノ如シ
吾等ハ右条件ヨリ離脱スルコトナカルヘシ右ニ代ル条件存在セス吾等ハ遅延ヲ認ムルヲ得ス

六、吾等ハ無責任ナル軍国主義カ世界ヨリ駆逐セラルルニ至ル迄ハ平和、安全及正義ノ新秩序カ生シ得サルコトヲ主張スルモノナルヲ以テ日本国国民ヲ欺瞞シ之ヲシテ世界征服ノ挙ニ出ツルノ過誤ヲ犯サシメタル者ノ権力及勢力ハ永久ニ除去セラレサルヘカラス

七、右ノ如キ新秩序カ建設セラレ且日本国ノ戦争遂行能力カ破砕セラレタルコトノ確証アルニ至ルマテハ聯合国

ノ指定スヘキ日本国領域内ノ諸地点ハ吾等ノ茲ニ指示スル基本的目的ノ達成ヲ確保スルタメ占領セラルヘシ

八、「カイロ」宣言ノ条項ハ履行セラルヘク又日本国ノ主権ハ本州、北海道、九州及四国並ニ吾等ノ決定スル諸小島ニ局限セラルヘシ

九、日本国軍隊ハ完全ニ武装ヲ解除セラレタル後各自ノ家庭ニ復帰シ平和的且生産的ノ生活ヲ営ムノ機会ヲ得シメラルヘシ

十、吾等ハ日本人ヲ民族トシテ奴隷化セントシ又ハ国民トシテ滅亡セシメントスルノ意図ヲ有スルモノニ非サルモ吾等ノ俘虜ヲ虐待セル者ヲ含ム一切ノ戦争犯罪人ニ対シテハ厳重ナル処罰加ヘラルヘシ日本国政府ハ日本国国民ノ間ニ於ケル民主主義的傾向ノ復活強化ニ対スル一切ノ障礙ヲ除去スヘシ言論、宗教及思想ノ自由並ニ基本的人権ノ尊重ハ確立セラルヘシ

十一、日本国ハ其ノ経済ヲ支持シ且公正ナル実物賠償ノ取立ヲ可能ナラシムルカ如キ産業ヲ維持スルコトヲ許サルヘシ但シ日本国ヲシテ戦争ノ為再軍備ヲ為スコトヲ得シムルカ如キ産業ハ此ノ限ニ在ラス右目的ノ為原料ノ入手（其ノ支配トハ之ヲ区別ス）ヲ許可サルヘシ日本国ハ将来世界貿易関係ヘノ参加ヲ許サルヘシ

十二、前記諸目的カ達成セラレ且日本国国民ノ自由ニ表明セル意思ニ従ヒ平和的傾向ヲ有シ且責任アル政府カ樹立セラルルニ於テハ聯合国ノ占領軍ハ直ニ日本国ヨリ撤収セラルヘシ

十三、吾等ハ日本国政府カ直ニ全日本国軍隊ノ無条件降伏ヲ宣言シ且右行動ニ於ケル同政府ノ誠意ニ付適当且充分ナル保障ヲ提供センコトヲ同政府ニ対シ要求ス右以外ノ日本国ノ選択ハ迅速且完全ナル壊滅アルノミトス

（出典：外務省編『日本外交年表並主要文書』下巻、一九六六年刊）

◇カイロ宣言

（一九四三年一一月二七日「カイロ」ニ於イテ）

「ローズヴェルト」大統領、蔣介石大元帥及「チャーチル」総理大臣ハ、各自ノ軍事及外交顧問ト共ニ北「アフリカ」ニ於テ会議ヲ終了シ左ノ一般的声明ヲ発セラレタリ

各軍事使節ハ日本国ニ対スル将来ノ軍事行動ヲ協定セリ

三大同盟国ハ海路陸路及空路ニ依リ其ノ野蛮ナル敵国ニ対シ仮借ナキ弾圧ヲ加フルノ決意ヲ表明セリ右弾圧ハ既ニ増大シツツアリ

三大同盟国ハ日本国ノ侵略ヲ制止シ且之ヲ罰スル為今次ノ戦争ヲ為シツツアルモノナリ右同盟国ハ自国ノ為ニ何等ノ利得ヲモ欲求スルモノニ非ス又領土拡張ノ何等ノ念ヲモ有スルモノニ非ス

右同盟国ノ目的ハ日本国ヨリ千九百十四年ノ第一次世界戦争ノ開始以後ニ於テ日本国カ奪取シ又ハ占領シタル太平洋ニ於ケル一切ノ島嶼ヲ剝奪スルコト並ニ満洲、台湾及澎湖島ノ如キ日本国カ清国人ヨリ盗取シタル一切ノ地域ヲ中華民国ニ返還スルコトニ在リ

日本国ハ又暴力及貪慾ニ依リ日本国ノ略取シタル他ノ一切ノ地域ヨリ駆逐セラルヘシ

前記三大国ハ朝鮮ノ人民ノ奴隷状態ニ留意シ軈テ朝鮮ヲ自由且独立ノモノタラシムルノ決意ヲ有ス

右ノ目的ヲ以テ右三同盟国ハ同盟諸国中日本国ト交戦中ナル諸国ト協調シ日本国ノ無条件降伏ヲ齎スニ必要ナル重大且長期ノ行動ヲ続行スヘシ

（出典：外務省編『日本外交年表並主要文書』下巻、一九六六年刊）

2 日本「黙殺」の波紋

ポツダム宣言の内容は、七月二七日午後二時からの定例閣議で東郷茂徳外相から報告された。最後に東郷外相は「今しばらく（和平の仲介を交渉中の）ソ連の出方を見たうえで日本の態度を決定すべきである」と主張し、出席者一同これに賛成した。このあと、新聞記者発表をどうするか話し合った末、次の二点を確認した。

一、宣言に対しては何らの意思表示をしないこと

一、新聞については、なるべく小さく取り扱うよう情報局で指導すること

翌日の新聞は各紙とも政府の思惑どおり控えめに報道していた。ところが、鈴木貫太郎首相は翌二八日午後四時からの定例記者会見で記者団の質問に「ただ黙殺するのみ」と答えた。

米紙は素早く反応した。

【FLEET STRIKES AS TOKYO "IGNORES" TERMS : B-29 CHIEF NAMES 11CITIES TO BE WIPED OUT : 】

この七月二八日付のニューヨーク・タイムズの一面の大見出しは、同盟通信のアメリカ向け英語送信の至急報（日本時間七月二七日午後六時四五分）を受けて報道されたものである。その内容は、「権威筋によれば、日本は……（ポツダム）宣言をイグノア（黙殺）するだろう。権威筋は……戦争を最後まで遂行

すると述べた」というものだった。

こうして見ると鈴木首相の「黙殺」発言と同じ内容を伝える同盟ニュースが記者会見よりも丸一日近く早く、ポツダム宣言に対する日本の最初の反応として世界をかけめぐったことを示している。(17)

この「黙殺」発言は、のちに重大な波紋を呼ぶことになる。なぜならこの「黙殺」発言は、トルーマン米大統領に明確な「拒否」と受け取られ、その後の広島、長崎への原爆投下の口実とされ、ソ連参戦のきっかけにもなったとされているからだ。

ただし、初の原爆実験が七月一六日にニューメキシコで成功していること、原爆投下の準備命令が七月二五日にすでに出ていたことから、「黙殺」発言の有無に関係なく原爆投下は実行され、ソ連の参戦も時間の問題だったというのが専門家の間で一般的な見方になっている。

米陸軍長官の反応は、「『拒否された以上、われわれの軍事力の最高度の使用は……日本国本土の完全なる破壊を意味するだろう。』というわが最後通牒にすこしも掛け値もないことを示威するほかに方法がなかった。このためには、原子爆弾はもっとも適切な武器だったのである(18)」というものだった。

鈴木首相の問題発言は、多くの著書で紹介されているが、出典はおおむね下村海南著『終戦秘史』(海南は下村宏情報局総裁のペンネーム――筆者)のようだ。そこには「私はあの共同宣言はカイロ宣言の焼き直しであると考えている。政府としては何ら重大な価値ありとは考えていない。ただ黙殺するだけである。われわれは戦争完遂にあくまでも邁進するのみである」と記録されている。

この発言は、日本政府の見解として、日本放送協会の海外放送と同盟通信のモールス通信とで全世界に伝えられたことはいうまでもない。ではなぜ、鈴木首相は「黙殺」と言ったのか。当時閣僚の一人だった安倍源基内相は「軍部方面から政府の方針に反対が起こった[19]」ためだとその時の状況を振り返っている。

鈴木首相自身は、自叙伝のなかで、「(軍部強硬派の)圧力で心ならずも出た言葉であり、後々にいたるまで余の誠に遺憾とする点」であると反省している。また、鈴木首相の孫、哲太郎は、「祖父の本心は『ノーコメント』と言いたかったのだと思うが、陸軍の圧力で『黙殺』になってしまったのだろう。祖父は後で、あの『黙殺』発言は失敗だった、もっと別の表現があったと思うと漏らしていた[20]」と語っている。

3 第一回の「聖断」

日本のポツダム宣言「黙殺」後の八月六日、広島に原爆が投下され、さらにソ連の参戦で、戦局は一気に悪化した。「いよいよ最後の段階にきた。……本土決戦か降伏か、その一つを選ぶべき渡頭にたった。『ポツダム宣言受諾あるのみ』と決意」した鈴木首相は、九日早朝皇居に行き、一〇日午前四時までに五回にわたって最高戦争指導会議と閣議(大勢は受諾賛成)とを交互に続けて[21]」開いている。

九日午前一〇時三〇分からの第一回最高戦争指導会議(構成員六人)は会議中に長崎の原爆投下が告げられ、一同の間に前後三時間沈痛な時が流れ中断した。しかし、阿南陸相、梅津陸軍参謀総長、豊田軍令部総長はあくまでも受諾に反対し、賛成の立場をとる東郷外相、米内海相、鈴木首相と対立した。

阿南陸相の反対論はのちに「一撃後和平」論とも呼ばれているもので、要約すれば「まだ戦争には負けていない。死中に活を求める戦法に出れば、完敗することなく、むしろ戦局を好転させる公算もあり得る」という意見だった。

これに対して米内海相は「物心両面から見て、勝ち目はない」と反論したといわれる。真偽のほどは不明だが、のちに自決直前の阿南陸相が「米内を斬れ」と言ったといわれるほど両者は激しく対立していた。その後、繰り返し行われた会議でも、平行線のままで推移し、九日午後一〇時五〇分からの第二回最高戦争指導会議には、平沼騏一郎枢密院議長も新しく加わって議論が続けられたが、反対意見は覆らなかった。

そこで、鈴木首相は一〇日午前〇時ごろから天皇の出席を求め、皇居内の防空壕（吹上御文庫付属室）での御前会議となった。各自、天皇の前で持論を展開したが、鈴木首相だけ意見を述べず、「まことに異例で恐れ多きことながら、聖断を拝して本会議の結論と致したく存じます」と述べた。

天皇はまず東郷外相の意見に賛成だと述べ「……本土決戦といっても防備の見るべきものがない。このままでは日本民族も日本も滅びてしまう。……自分一身のことや皇族のことなど心配しなくともよい。……」。

この一回目の「聖断」が下されたのは一〇日午前二時二〇分だった（この時の天皇の言葉がのちの「終戦の詔書」の基になった）。早速、次のような受諾案が作られた。

「七月二六日付け三国共同宣言にあげられたる条件中には天皇の国家統治の大権を変更する要求を包含しおらざることの了解の下に日本政府は共同宣言を受諾す」。
東郷外相は、一〇日午前九時頃、中立国スイス、スウェーデン駐在公使に打電し、両国を通して米英ソ中の四ヶ国に伝達し、回答を待つこととした。

内外への告知は、いち早くすべしという意見と大詔煥発後にすべしという意見が対立し紛糾したが、先方の確答を待って行うこととし、閣議は一〇日午前四時、およそ一時間で散会した。

ところで、トルーマン米大統領の「メモワール」には、ワシントン時間の八月一〇日午前七時三三分、ラジオ東京で日本のポツダム宣言受諾のニュースを傍受したと記録してある。逆算すると、日本時間では一〇日午後八時三三分になる。

海外放送を傍受した出先の軍は騒然となり、憲兵が日本放送協会に乗り込み、経緯を厳しく追及する一幕もあった。そうした事情からか誰がどこから放送したのか不明だったが、その後、外務省の松本俊一次官の指示で外務省書記官が受諾電報の原稿を同盟通信に持参し、モールス信号で打ってもらい、続いて日本放送協会に行き、海外放送で日英両国語でアナウンスしてもらったことがわかった。この経緯は第4章三1「降伏決定を海外に速報」で詳述しており、参照してほしい。この放送の反響は素早く、「ニューヨークのタイムズ・スクエアは、連合国の戦勝を祝う人々の群れで混雑[22]」し、ロンドン市民は路上で踊り出したという。

◇最高戦争指導会議メンバー

【徹底抗戦】派

阿南惟幾（あなみ　これちか。一八八七年二月二一日～一九四五年八月一五日）享年五八。陸軍大臣。八月一五日早暁、永田町の陸相官邸で割腹自殺。

梅津美治郎（うめづ　よしじろう。一八八二年一月四日～一九四九年一月八日）享年六七。陸軍参謀総長。ミズーリ号上で降伏文書に調印。東京裁判でA級戦犯、終身禁固刑、獄死。

豊田副武（とよだ　そえむ。一八八五年五月二二日～一九五七年九月二二日）享年七二。軍令部総長（海軍大将）。東京裁判で不起訴。陸軍嫌い、海軍強硬派抑える。

【和平】派

鈴木貫太郎（すずき　かんたろう。一八六八年一月一八日～一九四八年四月一七日）享年八一。海軍大将、侍従長、小磯内閣総辞職後、七七歳で内閣総理大臣に。八月一五日「玉音放送」の三時間後に首相辞任。

東郷茂徳（とうごう　しげのり。一八八二年一二月一〇日～一九五〇年七月二三日）享年六七。外務大臣。東京裁判でA級戦犯、禁固二〇年。服役中、病死。

米内光政（よない　みつまさ。一八八〇年三月二日～一九四八年四月二〇日）享年六八。海軍大臣。阿南陸相のクーデターに反対。

4　軍部が放送局に継戦布告を強要

一回目の「聖断」でようやくポツダム宣言受諾が決まった。その八月一〇日午後の内幸町放送会館は、開戦以来最も緊迫した。なぜなら夜七時のニュースでは、戦争終結を匂わせる下村宏情報局総裁の談話をトップで放送する準備をしていたところ、親泊朝省陸軍大佐（報道部長）の代理が「全国民斃れるまで抗戦せん」という阿南陸相の布告（声明）を持ち込み、二階のデスク席に陣取って布告を先に放送するよう強要したのだ。

◇阿南陸相の布告

『ソ』聯遂に執って皇軍に冦す。名文如何に粉飾すと雖も　大東亜を侵略制覇せんとする野望歴然たり　事茲に至る何をか言わん、断乎神州護持の聖戦を戦い抜かれんのみ、仮令草を食み土を齧り野に伏するとも断じて戦ふところ死中自ら活あるを信ず

是即ち七生報告、「われ一人生きてありせば」てふ楠公救国の精神なると共に時宗の「莫煩悩」「驀直進前」以て醜敵を撃滅せる闘魂なり

全軍将兵宜しく一人も余さず楠公精神を具現すべし、而して又時宗の闘魂を再現して驕敵撃滅に驀直進前すべし

昭和二〇年八月一〇日　陸軍大臣

◇下村宏情報局総裁談話

（略）今や真に最悪の状態に立ち至ったことを認めざるを得ない、正しく国体を護持し民族の名誉を保持せんとする最後の一線を守るため、政府は固より最善の努力を為しつつあるが、一億国民にありても国体の維持のためにはあらゆる困難を克服してゆくことを期待する。

この時のニュース責任者は困った挙句、監督官庁である情報局に問い合わせると「とんでもない。やめろ」（山岸重孝情報局放送課長）という返事だった。しかし、情報局は陸軍の要求に屈服し、柳澤恭雄報道部副部長も軍の要求どおり『観兵式行進曲』に続いて布告をトップにして放送した。『観兵式行進曲』は大本営が陸軍の勝った戦況の時に放送していたもので、負け戦が多くなって以来、この曲を放送することはなくなっていた。テーマミュージック付きの大本営発表はこれが最後となった。[23] ちなみに海軍の大本営発表は『軍艦行進曲』、陸海軍共同の時は『敵は幾万』だった。

結局、ニュースオーダーは陸相布告（声明）を先にし、情報局総裁談話がその後に続く形となった（陸相布告は海外放送には出なかった――筆者）が、夜九時のニュースオーダーは迫水書記官長らが阿南陸相を説得して、情報局総裁談話が先になった。新聞各社もこの扱いをめぐっては紛糾し、朝刊の紙面はマチマチになったが、放送も新聞もともに国民を混乱に陥れる報道となったことは間違いない。

ＮＨＫ「ラジオ年鑑」（昭和二二年版）には、「当日午後七時のニュース放送において、この陸軍大臣の声明の前と後に陸軍行進曲を演奏せよと、軍関係者は政府の意向を無視して、放送局に強要した。戦争中の放送の実相は、この強要が最も明らかに示している」と書いてある。

軍部がいかに混乱を極めていたかを示す例をもう一つあげておく。八月一三日午後、ニセの大本営発表が出た。「皇軍は新たに大命を拝し、米英ソ支四カ国に対して作戦を開始せり」という内容だった。発表文は、午後三時一五分ごろ、閣議に出席中の迫水書記官長が柴田敏夫朝日新聞記者から見せられ、事実確認を求められた。陸軍次官、参謀次長の決裁があり、「四時発表」ということで、新聞社、放送局に配布されていた。

最終的に阿南陸相は「知らない」ということでニセ物と判明。ラジオはあわやというところで、指定された四時のニュースで放送するところだった。迫水書記官長は「書いたのは自決した親泊（朝省。沖縄出身。陸軍大佐。）陸軍報道部長」だったと書き残している。

そうした動きを背景に、阿南陸相が最後まで譲らなかった「国体護持」の考え方は、天皇の「終戦の詔書」に挿入された。

四　軍部批判はタブー

1　戦う放送と戦時下の報道

放送は太平洋戦争勃発の日を境に、文字どおり軍と政府の発表機関となった。戦況報道は、新聞社、通信社の記事を含めてすべて「大本営発表」に統一された。日増しに激しくなる「空襲警報」などの情報は、樺太から九州まで五ブロックに分かれた「軍管区」単位の「群別放送」として行われた。「東部軍管区情報発令」（関東地方）などというアナウンスを覚えている人もいるかもしれない。

「東部軍防空司令部」は皇居近くの「竹橋」際にあって、いまはその跡地の上に首都高速道路が架けられている。ここに敵機の位置を示す情報マップがあって、これを見て情報将校が原稿を書き、放送局側が司令部内のスタジオからアナウンスする仕組みだった。

「空襲警報」にかぎらず、放送局には、もともと自主取材が認められていなかった。ニュース・番組は「戦う放送」をスローガンに掲げ、通信社の原稿をもとに放送用に書き換えて放送した。それでも情報局、逓信省、陸海軍の介入がきびしく、軍部を批判する放送は皆無だった。

『GHQ歴史課陳述録―終戦史資料（上）』（原書房、二〇〇二年）のなかに、終戦時の報道について、海軍報道部責任者の証言がある。証言者は高瀬五郎海軍中佐（情報局第一部第一課長。後に大佐）で、GHQ歴史課の大井篤らが聞き手になっている。

それによれば、終戦直前の報道体制は、一九四五（昭和二〇）年五月一五日以降、それまでの大本営陸軍部および海軍部の各報道部は解体され、情報局（総裁下村宏国務大臣兼務）に国家の全報道業務が統一された。記者クラブは、この制度改正にともなって、内閣記者クラブ、陸軍省記者クラブ、外務省記者クラブなど各官庁に分かれていた記者団が解体され、すべて情報局の傘下に統一された（大本営報道部は、一九四五年九月一三日廃止)。

さかのぼると、第一回の大本営発表は太平洋戦争勃発の日(一九四一年一二月八日午前六時)のもので、「大本営陸海軍部午前六時発表、帝国陸海軍部隊は本八日未明、西太平洋において米英軍と戦闘状態に入れり」という内容だった。

以来、大本営発表は計八四六回放送された。

最後の大本営発表(一九四五年八月一四日午前一〇時三〇分)は、「我が航空部隊は一三日午後鹿島灘東方二五浬において、航空母艦四隻を基幹とする敵機動部隊の一群を捕捉攻撃し、航空母艦及び巡洋艦一隻を大破炎上せしめたり」というものであった。

しかし、かねてからの陸軍と海軍の対立は決定的となり、先述した第一回「聖断」後の「阿南陸相布告」(八月一〇日午後七時のニュース放送)は、海軍の同意が得られないまま、陸軍が単独で出し、放送を強要したものだった。この対立は和平か徹底抗戦かをめぐってさらにエスカレートする。

2 海軍担当記者を懲罰召集

海軍が陸軍の同意を得られず、大本営発表を断念し、「海軍大臣談」として発表したことがある。それは、一九四四(昭和一九)年二月一七日、トラック諸島(ミクロネシアのカロリン諸島の火山島群)が米艦隊の大空襲を受け、非常に大きな被害を受けた時のことである。海軍はこの事態を戦局の悪化と受け止め、戦争指導上重大問題であり、国民の覚悟を促すために「大本営発表」として国民に周知しようとした。それが陸軍に拒否されたのだ。

この発表に関連して、のちに竹槍事件（トラック諸島事件）として知られる海軍担当の新聞記者の筆禍事件が起こった。

一九四四（昭和一九）年二月二三日付の東京日日新聞（現・毎日新聞）一面の中ほどに、「勝利か滅亡か、戦局は茲《ここ》まできた」「竹槍では間に合わぬ、飛行機だ、海洋飛行機だ」という見出しの記事が載った。トップは東條英機首相が閣議で発した「非常時宣言」の記事で、「皇国存亡の岐路に立つ」という竹槍精神を強調したものだった。

竹槍精神を批判する記事を見た東條首相は激怒した。掲載紙の社長に廃刊命令（最終的には情報局の説得で取り下げた）を出したうえ、筆者の名前を提出させた。記事を書いたのは新名丈夫記者（海軍担当、当時三七歳）で、陸軍は彼に対して直ちに懲罰召集を強行した。四国・丸亀連隊へ一人だけの二等兵としての入隊だった。前代未聞の報復人事だった。

新名記者は極度の近視だったため一度は徴兵検査で兵役免除になっていたのに、再度の召集だった。しかも兵役免除の年齢に該当していた。ところがそれが判明すると、同じ年代の兵役免除者二五〇人を突然召集し、辻褄合わせをした。海軍の働きかけもあって、三ヶ月後、新名記者は他の戦友とともに除隊になり、海軍はただちに新名記者を報道班員としてフィリピンへ送り、陸軍の再召集を防いだ。新名記者がフィリピンに出発した直後、新名記者とともに丸亀連隊で過ごした二五〇人は再召集され、硫黄島に送られ、全員玉砕したという。

この筆禍事件は、サイパン玉砕を経て、東條内閣が総辞職するに至る約五ヶ月前に起きた出来事だった。

◇新名記者の記事（東京日日新聞）

開戦以来二年二ヵ月、緒戦の赫々たるわが進攻に対する敵の盛り返しにより、勝利か滅亡かが、いま現実とならんとしつつある。大東亜戦争は太平洋戦争であり、海洋戦である。……太平洋の攻防の決戦は、日本の本土沿岸において決せられるものではなくして、数千海里を隔てた基地の争奪をめぐって戦われるのである。本土沿岸に敵が侵攻してくるにおいては最早万事休すである。……敵が飛行機で攻めてくるのに竹槍をもっては戦い得ない。問題は戦力の結集である。帝国の存亡を決するものはわが海洋航空兵力の飛躍増強に対するわが戦力の結集如何にかかって存するのではないか。

3 検閲報道と自己規制

戦時下の放送現場はどうなっていたのか。放送局でニュースの責任者の一人だった柳澤恭雄は自らの体験を次のように記している。

「戦争が拡大するとともに、ニュースに対する検閲はきびしさをました。禁止される報道がふえた。当時、軍と各官庁から禁止事項がつぎつぎと報道機関に送られてきて、その禁止事項の書類のとじ込みが大変な量になったものである。その一つにでも違反したら処分されるということであったから、新聞もラジオも禁止事項を一生懸命に見ながら報道するという状態であった(24)」。

具体例の一つとして、同盟通信から入ってきたローマ法王の和平演説（一九四三年九月二日）を挙げている。情報局の指示に従って演説要旨の一部を削除して放送しようとしていたところ、「依命中止（命によって中止）」の命令を受け放送を中止したという。

柳澤自身、積極的に戦争協力した例としては、陸上軍が全滅、連合艦隊が崩壊に終わった「レイテ戦」（一九四四年一一月八日）を挙げる。それは柳澤がマイクに向かって戦況の解説をした時のことで、「およそ戦争に勝つためには決定的戦場に決定的兵力を集中して敵の主力を一挙に撃滅するのが最善の策である。……現在の天王山はフィリピンである。……生産と補給隘路を克服して決戦に打ち勝つためには一億の体当たりが必要である。……一億の御楯の神聖な務めである」と当時の原稿を再録し、「私の解説は無責任な訴えであった[25]」と結んでいる。柳澤の京都の生家の近くにレイテ戦で戦死した多数の兵士の墓地があり、帰省の度に手を合わせたという。

ニュース・番組の指導に当たったのは、情報局第二部第三課（放送課）で、検閲の基準は「大東亜戦争放送のしるべ」（のちに「大東亜戦争放送指針彙集」）に例示されていた。放送禁止事項には、「依命中止」「極秘」「禁止」「不可」「差し止め」とあり、禁止事項を専門に目を光らせる情報局の検閲官がそばにいつもいた。検閲が厳しくなると自己規制するようになる。検閲に引っかからないように削られそうな部分を先に自分で削る芸当をいつの間にか身につけていくことが、当たり前のことになる。

「大東亜戦争放送指針彙報」の検閲の基準は次の四項目である。

① 現在国民に対し、放送適当なりや否や

ニュースには国民に知らせてよいものと悪いものとがある。この取捨をまず第一に国家的見地から判定しなければならない。次にこのニュースを国民に知らせることによって、いかなる影響を与えるかを確かめる必要がある。

② 日本的・枢軸的観点にありや否や

いやしくも日本放送協会の取り上げるニュースは、まず第一に日本的観点に立つものであることはもちろんだが、日本と手を携えて共同の敵に当たっている独伊に対して、不利なものもまた排撃されねばならない。第三者的・第三国的観点に立つニュースは、敵側の謀略宣伝的ニュースが仮面を被っている場合が多く、不可なる場合が多い。

③ 政府に協力的なりや否や

国民の世論決定の上に多大の力を持つニュースは、あくまで政府に協力的、推進的でなければならない。

④ 敵に逆用されるおそれなきや否や

敵は我対外放送を聴取するの外、東亜むけの国内放送を聴取し、ことごとく之を録音している形跡が十分ある。であるから、我に不利なニュースはもちろん、敵の好んで逆用するところとなるようなニュースは、絶対に避けなければならない。たとえ片言半句といえども、乗ぜられることのないように注意を払うことが肝要である。

4　記者たちは怖かった

読売報知新聞社会部の福岡俍二記者は、真珠湾攻撃の朝、宿直勤務で、大本営報道部から呼び出され、三宅坂の参謀本部へ駆け付けた一人だ。戦後、複雑な胸の内を明かす。

「思想的に締め付けられ、批判記事を書けば経営が脅かされる時代だった。新聞だけが責めを負うべきでない。世の中全体が戦争遂行に追従していったのだ」。

宮本太郎読売報知新聞九州総局長は、紙面で沖縄決戦での特攻隊の任務の重要性を説いた。

「上からの圧力で筆を曲げると言うよりも、目先の記者活動に自分を埋没させてしまい、時流に流されていった」。

戦後、自分の書いた記事を悔やみ、新聞社の戦争責任をめぐって発生した「読売争議」に身を投じ、その後退社した(26)。

海軍報道部でひごろ記者と接触していた高瀬五郎海軍中佐は、次のように証言している。

「……記者たちにとって陸軍というものは恐ろしかったのです。これは私の報道生活を通じて常に痛感したことでした。報道政策が順調に実施されなかった重大原因は、ここにあったとも言えると思います。……(トラック)事件は新聞記者連がなぜあんなに陸軍の鼻息を窺かがわしめるに至ったかの原因を説明するのに適例でもあります。……(新名丈夫記者は)幸い戦死を免れ終戦後再び毎日に記者として働いておりますが、このような召集権(招集権＝ママ)の威嚇には記者たちはすべて恐れをなしていました。……陸相訓示（布告）問題の場合でも、陸軍の要求だとあればこれを受け入れざるを得ないでしょう[27]」。

五　クーデター計画第一案、第二案

1　初めて放送局占拠も目論む

いわゆる八・一五宮城事件（天皇の録音盤奪取未遂事件）の前に、阿南陸相がからむ陸軍のクーデター計画があった。それは、二回目の「聖断」が下される前に、御前会議（八月一四日）の会場に乗り込み、和平派の木戸幸一内府、鈴木首相、東郷外相らを隔離し、天皇を軟禁するという本格的なものだった。目的はあくまでも国体護持のために、阿南内閣を誕生させ、本土決戦へと突き進む目論見だった。

しかし、この計画は梅津陸軍参謀総長の反対で頓挫した。その直後、竹下正彦中佐らは阿南陸相にクーデター計画第二次案を示したが取り上げられなかった。だが、そこに「放送局の占拠」が一つの目標になっていたことに注目したい。これが放送史上初の「八・一五内幸町放送会館占拠」につながった。ここでは二・二六事件の亡霊として、天皇周辺や政府を脅かしたクーデター計画の立案から頓挫するまでを追ってみる（文中、「　」内の証言は『GHQ歴史課陳述録―終戦史資料（上）（下）』原書房、二〇〇二年からの引用による）。

阿南陸相は第一回の終戦の「聖断」のあと、八月一〇日午前九時、陸軍省に戻り、地下防空壕に省内高級課員を集めて訓示した。その内容は「諸官に申し訳ないが聖断だから致し方ない。大切なのは一致行動することだ。勝手な行動に出ようという者は私を斬ってからやれ。もっとも、先方から返答が到着するまでは和戦両様の態勢を維持せねばならぬ」というものだった。

陸軍内の徹底抗戦の空気に配慮したのか、国体護持についての回答次第ではまだ本土決戦を諦めたわけではないことを含みに残していた。

それでもこの訓示に陸軍省や参謀本部の大尉、少佐、中佐級の青年将校たちは不満だった。阿南陸相の義弟（姉綾子が阿南夫人）で阿南陸相の政治幕僚でもあった竹下正彦中佐（陸軍軍務課内政班長）は次のように証言している。

「天皇裕仁はそう申されても、それは明治天皇やその他皇祖皇宗の御考えと一致しているとは思われない。今上天皇の御意図に反することは避けたいけれども、たとえ一時そういう結末になっても皇祖皇宗の御志にそうて行動することが大きな意味において本当の忠節である」。

竹下中佐と同期で大本営陸軍参謀だった稲葉正夫中佐は、一〇日朝、竹下中佐とともに陸軍大臣室で阿南陸相に面会し、「講和絶対反対」の意見を具申した。

その後、竹下中佐と稲葉中佐は、八月一一日（時間不明）、陸軍省の地下防空壕で、終戦の「ご聖断」に不満を持つ南清志中佐、竹下中佐と同じ軍務課内政班の椎崎二郎中佐、畑中健二少佐の三人とともに自分たちの主張を通すためには何をしたらいいのか話し合った。結論は、「和平派を斥け、天皇に御決心を翻して頂く為にクーデターを決行すべし」だった。

一二日午前四時、日本の条件付ポツダム宣言受諾に対する米側の回答が伝えられた。公式回答より一足早くサンフランシスコ放送を通じてであった。条件とは「天皇の大権に変更を加うるがごとき要求は、これを包含しおらざる了解のもとに受諾する」だったが、回答は、ゼロ回答といえるものだった。

外務省は肝心な箇所について、「降伏の時より天皇及び日本政府の国家統治の権限は降伏条項の実施のため、その必要と認める措置をとる、連合軍最高司令官の制限の下に置かれる」と翻訳した。この「制限の下に置かれる」の英文は「Subject to」だった。素直に訳せば、「従属する」だろうが、外務省は絶妙な訳し方をした。しかし、陸軍は陸軍で「隷属する」と訳し、徹底抗戦派は態度を一層硬化させた。

一二日午後、竹下中佐らは陸軍大臣室に行き、阿南陸相と会って「このままでは講和は絶対に不可」であり、治安維持の目的のため兵力使用の準備を東部軍に命じるよう進言した。

阿南陸相の本当の腹は分からなかったが、竹下中佐らは「この挙を決して局部的に終わらしてはならぬ」として、陸相、参謀総長、東部軍司令官、近衛師団長の四者一致を第一条件に、必要な準備を秘かに進めた。四人のうち、クーデターに反対の意向を漏らしていた近衛師団長森赳中将に対しては、クーデター決行の場合、陸軍省に招致して説得し、説得に応じない場合は大臣室に監禁する手筈まで整えた。

陸軍参謀だった稲葉中佐は、一九四五（昭和二〇）年八月一三日夜のクーデター会議の模様を次のように明かしている。その証言によると、クーデター計画の立案者は軍事課長荒尾興功大佐、軍事課員稲葉正夫中佐、井田正孝中佐、軍務課員竹下中佐、椎崎中佐、畑中少佐で、その内容は次のとおりだった。

◇クーデター計画第一案㉘

① 使用兵力　東部軍及び近衛師団。
② 使用方法　天皇を宮中に軟禁す。
その他、木戸、鈴木、東郷などの和平派の人達を兵力を以って隔離す。次いで戒厳に移る。
③ 目的　天皇に関する我方条件に対する確証を取り付けるまでは降伏せず、交渉を継続する。
④ 方法　陸相の権限内にある局地的、臨機の警備的応急出兵権を以って発動す。
⑤ 条件　陸相、総長、東部軍司令官、近衛師団長の四者一致の上であること。

そして、クーデターは、八月一四日午前〇時決行と決めた。稲葉中佐らはこの案を持って八月一三日午後八時、三宅坂の陸相官邸を訪れ、阿南陸相と面会した。荒尾大佐が説明している間、大臣は目をつぶり、黙々と聞いていたが、一言、通信連絡について「計画が杜撰《ずさん》」だと指摘しただけだった。

この面会中、阿南陸相は「私は西郷隆盛の心事がよくわかる」「自分は命を君に捧げてある」「今夜あたり案外手がまわっている（クーデター派を予防拘禁する）かもしれないから気をつけろ。皆一緒に行かないでバラバラになって帰るがいいぞ」と言った。

別れ際に「よく考えて返事しよう」と言い、陸相は「一三日一四時《ママ》」、陸軍省で荒尾大佐に態度を明らかにすることを約束した。阿南陸相は、ひとり残った竹下中佐には「あんなに沢山いる席ではなかなか本当の腹を明かせない」と話し、竹下中佐は「私は大臣は矢張りクーデターに賛成の腹だと判断した」と証言している。稲葉中佐もまたこの日の阿南陸相の様子から「大臣がクーデターを決心されたものと察した」と、そのときの感触を証言している。

2　平泉学説の影響

クーデター計画立案の背景には、皇国史観があった。陸軍軍人の強要で放送された「陸相訓示（布告）」（八月一〇日午後七時のニュース）のなかには「断乎神州護持の聖戦」とか「楠公救国の精神」などとある。終戦当時、阿南陸相の秘書官だった林三郎陸軍大佐は、「この計画をやった人の大部分は、東京帝国大学教授の平泉（澄）博士の影響を非常に受けていると思う」と証言している。

林の証言を要約すると、平泉博士は士官学校、陸軍大学校で日本歴史の特別講義を受け持ち、承久の乱などいつも天皇が非常に不遇な位置に立たれる際に人民が一生懸命尊皇心を発揮した場合を強調していた。「終戦直前も、平泉博士は阿南さんのところに行って進言をしておられたようでした」というように、阿南陸相も平泉学説に興味を持っていたし、陸軍の将校に大きな精神的影響を与えていた。

畑中少佐は平泉博士のファンだった。天皇のやっていることが誤りだと思うならば、今上天皇の命令に服さなくても忠義なのだという歴史観を持っていた。「（そのような歴史観を）畑中君が阿南さんに報告していたのを私は側で見たのを覚えている。これは平泉さんの教えではないかと思う」。

竹下中佐らは阿南陸相の承認が得られないまま、一四日午前〇時決起のクーデターを午前一〇時に変え、準備を進めていた。ところが、一四日午前七時、梅津陸軍参謀総長に面会した阿南陸相は総長室から出てくると、「梅津総長は不同意といわれたので、クーデターは取り止める」と明言した。

阿南陸相は、竹下中佐らがクーデターに備えて呼んでいた森赳近衛師団長、田中静壱東部軍司令官には「今日あたり重大な事態になると思うから警備上特に注意するように」と申し渡し、午前九時に参集した陸軍省職員には「出処進退を誤るな」と訓示を与えただけだった。

竹下中佐らは四者一致を条件としていたので、「万事休す」と考えていたが、その後、「梅津参謀総長は必ずしも反対ではない」という情報が参謀本部の同志から竹下中佐らに持ち込まれた。そこで、竹下中佐らは杜撰と言われたクーデター計画を練り直し、「第二案」を作成した。閣議室の隣りの部屋に阿南陸相を呼び、再考を促した。そこには、二・二六事件のときにはなかった「放送局の占拠」が目標の一つになっていた。

◇クーデター計画第二案(29)

① 近衛第一師団をもって宮城を警護し、外部との交通を遮断する。
② 東部軍をもって都内各要点に兵力を配置し要人を保護し、放送局等を押さえ、たとえ「ご聖断」が下ってもこの態勢を堅持して聖慮の変更を待つ。
③ 四者の意見の一致を前提とする。

これを見た阿南陸相は「もうすでに終戦詔勅発布にとりかかっている」として同意しなかった。「それでは陸軍大臣を辞職してはどうか」と竹下中佐らは持ちかけた。終戦の詔勅は阿南陸相の副署がなければ発布できない。天皇の詔勅を拒否するのは困難だろうから大臣を辞職し、陸軍大臣辞職で鈴木内閣の総辞職を迫ろうという狙いだった。

これに対して、阿南陸相はいったん辞表を書く気になり、秘書官に硯を準備させようとした。しかし、まもなく、「もうここまで事が運んでしまったからには、私を除外してでも詔勅は発布されるであろう。それにこの状況で辞職したのではもうお上にも会えなくなる」と言って、決心を翻したという。

その後の阿南陸相は、在京中の元帥、三長官と「陸軍はあくまで聖断にしたがって行動する」という意味の誓書に署名し、これを全軍に発布した。続いて、陸軍省第一会議室で最後の「聖断」が下ったこと、全陸軍これに従うこと、諸官は、国体護持のため尽くしてほしいと最後の訓示をした。これで竹下中佐らのクーデター計画は不発に終わった。

3　謎めく陸相のスタンス

クーデター計画に対する阿南陸相のスタンスはよくわからない。「クーデター計画」の項でも触れたように、青年将校たちの行動に同意しているような言辞・素振りを見せるかと思えば憲兵隊にクーデターを警戒するように指示している。たとえば、阿南陸相の林秘書官はこんな証言をしている。「クーデター計画を知ってから、(阿南陸相は)大城戸憲兵司令官と森近衛師団長をこっそり呼ばれました。それで軍の一部のクーデターの動きに気をつけろと憲兵司令官に、それから宮城護衛について遺漏のないようにしろよということは森師団長に注意された[30]」。

また、「私は西郷隆盛の心事がよくわかる」という発言も、君に仕える公的な立場と部下の熱情との板ばさみになっていたのだろう。これも林証言だが、「大臣から竹下君にいろいろと個人的な話をされた。そんなところから大臣の考え方として相当にいろいろ竹下君からその同僚たちに伝わっていたものがあると思う。……竹下君が言ったことが因で若い者が興奮し、その結果は陸相は西郷隆盛になりそうだというようなことを心配するようになったのではないか[31]」。

阿南陸相自身が終戦末期について書き残したものは見つかっていない。それだけに、本土決戦については「気迷い」説、クーデターについては「腹芸」説だと唱える人がいる。ここでは、木戸、東郷、迫水の回想をあげておく。

木戸幸一内府は、「陸軍があくまでも終戦に反対したら天皇のご聖断の決意は変わったか」という質問に対して、「心配はありましたよ」と次のように証言している。

「たとえばクーデターをやられ、すなわちあの近衛の叛乱が本当に大きくなって、われわれ和平論者が皆殺されて代わりに軍人が政治の全部を握ることになれば戦争継続になったでしょう」。

「閣僚の中にも二、三終戦に反対する者がいたようなので、閣議の不統一になれば、内閣総辞職という形は起こり易いわけです。従って、内閣も継続派に引き渡たさねばならぬ心配はありました」。

「実は終戦の詔書というのは全閣僚が副署しなければならぬ（の）ですから、たとえば陸相ひとりでも副署をしないということになると詔書は出せないということになる。そうすると、内閣は潰れる。こういう点になると天皇というものが何とも言えないひとつの力を持っていられた。分かりやすい言い方をすれば、当時、和平派の人たちはそれを極度に利用した[32]」。

東郷茂徳外相は、「自分は陸相は結局《(ママ)》『クーデター』に賛成することなきを信じていた」と述べている。「（信じてはいたが）部下の動揺は激しいので、其の圧迫を受け、辞職その他の困難なる局面発生の懸念あり、早急に決定の必要を認めたので、右（一三日の閣議）散会後、総理に荏苒《じんぜん》時を移すの（は）不可なることを述べたが、総理は参内してご聖断のことをお願いしましょう、といった[33]」。

迫水久常書記官長は、「のちに聞くところによると、終戦の際、陸軍はクーデターの準備をして、阿南陸相は、これを承諾し、みずからその指揮をとるから、自分に任せよと言われたという。阿南大将は……天皇陛下のみ心を体し、終戦を実現せんと心に誓っておられたに相違ない。かかるが故に軍の暴発を最も恐れ、これを抑止するのに心胆をくだかれて、苦肉の策としてクーデターの指揮をみずから引き受け、一面、大詔の公布まで内閣の閣僚たる地位を保持するため中途で殺されるが如きことなきよう苦心されたものと私は考える」と語っている。(34)

木戸、東郷、迫水の回想のとおり、天皇周辺、政府はクーデターの動きに神経を尖らせていた。戦後、GHQ歴史課の嘱託として多数の関係者の証言を集めた大井篤元海軍大佐は、二・二六事件の亡霊が付いていたと指摘する。

「クーデターが怖かったんですよ。誰しもクーデターが怖かった。私は戦後、巣鴨プリズンに出入りを許されて証言を集めたんですが、そのとき東郷さんや木戸さんがいちばん強調していたのは、とにかくクーデターが怖かったということです。……要するに二・二六事件みたいにやられたら、なんともならんからと。二・二六事件という亡霊がずっと付きまとっていたんです(35)」。

六　ニセ師団命令で動く

1　『戦史叢書』に記録なし

終戦を告げる「玉音放送」を阻止するため、陸軍の一部の青年将校が決起した行動は、「八・一五事件」「宮城事件」「クーデター未遂事件」「玉音盤奪取未遂事件」「放送会館占拠事件」などとさまざまな呼ばれ方をしている。当初陸軍内で練られたクーデター計画がそのまま成功すれば二・二六事件の比ではなかったに違いない。しかし、天皇の再度の「聖断」で計画は挫折し、最終的にはごく一部の青年将校の決起にとどまった。それでも天皇の録音盤と御璽を奪取しようと皇居（宮城）内に乱入したり、森赳近衛師団長を殺害し、ニセの師団命令を発し、二・二六事件のときにはなかった放送局の占拠事件も起こしている。[36]

決起したのは、椎崎二郎陸軍中佐（四五期）、畑中健二陸軍少佐（四六期）、古賀秀正陸軍少佐（五二期）、上原重太郎陸軍大尉（五五期）らだった。東京タワーに近い港区芝の青松寺《せいしょうじ》に八・一五クーデターに失敗して自決した反乱軍将校の慰霊碑がある。そこには次ぎのような碑文が彫ってある。

「陸軍中佐　椎崎二郎
陸軍少佐　畑中健二
陸軍少佐　古賀秀正
陸軍大尉　上原重太郎
大東亜戦争終結に際し、譲るべからざる講和条件、即ち国体護持の確認こそ日本国民の果たすべき責務なりとし、上記四氏は畑中健二主導のもとに近衛師団の決起を策し、大事去るや従容自決す。これ宮城事件なり。その孤忠留魂の至誠は神州護持の神髄というべく、仰いでここにこれを継述せんとするものなり。

昭和五九年秋　　　有志建之」

首謀者だとされる畑中少佐とは一体どんな人物だったのか。彼は「今は唯　思い残すこと　なかりけり　暗雲去りし　御世となりせば」という辞世の句を残して自決した。

「八・一五事件」関係の資料は極めて少なく、放送会館占拠など「玉音放送」阻止をめぐる畑中少佐らの行動は、防衛研究所戦史部の『戦史叢書』（一〇二巻）にも記載がない。「玉音放送」についても「一五日正午、天皇の録音放送は、予定どおり無事行われた」とわずか二行記述されているにすぎない。

◇ニセの近衛師団命令

近作命甲第五八四号

近衛命令　八月一五日〇二〇〇

一、師団ハ敵ノ謀略ヲ破摧　天皇陛下ヲ奉持　我カ国体ヲ護持セントス

二、近歩一長ハ其ノ主力ヲ以テ東二東三営庭（東部軍作戦室周辺ヲ含ム）及ビ旧本丸馬場付近ヲ占領シ外周ニ対シ皇室ヲ守護シ奉ルヘシ又約一中隊ヲ以テ東京放送局ヲ占領シ放送ヲ封止スヘシ

三、近歩二長ハ主力ヲ以テ宮城吹上地区ヲ外周ニ対シ守護シ奉ルヘシ

四、近歩六長ハ現任務ヲ続行スヘシ

五、近歩七長ハ主力ヲ以テ二重橋前宮城外周ヲ遮断スヘシ
六、GK長ハTK中隊ヲ代官町通ニ前進セシムルト共ニ主力ハ待機スヘシ
七、近砲一長ハ待機スヘシ
八、近工一長ハ待機スヘシ
九、近衛機砲大隊長ハ現態勢ヲ以テ宮城ヲ奉護スヘシ
十、近衛一師通長ハ宮城—師団司令部ヲ除ク宮城通信網ヲ遮断スヘシ
十一、予ハ師団司令部ニ在リ

近師長　森　赳

(防衛庁戦史室資料による) GKは近衛騎兵連隊、TKは戦車=筆者

2 「君側の奸」を討つ

皇居内の反乱軍はただ一本残っていた海軍の無線連絡で正規軍に鎮圧され、放送局でも「玉音放送」の阻止はできず計画は明け方までに失敗に終わった。

クーデターを起こした畑中少佐らは「君側の奸」(天皇のそばにいて邪魔をする者)を打ち、天皇が間違った場合は、天皇に反対してもこれを正し、天皇を守るのがかれらの正義だと信じていた。

昭和天皇自身はそうした考え方についてまったく理解できなかったようだ。

「〈藤田（侍従長――筆者）、いったい、あの者たち＝クーデターを起こした兵隊のこと＝は、どういうつもりであろう。この私の切ない気持ちが、どうして、あの者たちには、分からないのであろうか〉暗然とした表情で、つぶやかれた[37]」。

3 森近衛師団長殺害の記録

森師団長殺害について、八・一五クーデター計画に関わった井田正孝陸軍中佐の記録によると、「（一二時ごろ）一発の銃声が起こり騒々しいので出て見ると畑中が出て来て真青い顔をして『時間がたつばかりですから遂にやりました、許してください。』と言った」とある[38]。

井田中佐が記した八月一四日夜から一五日未明の行動は次のとおりだった。


「（一四日夜）一〇時頃までは食事、入浴を済ませた後寝室において就寝。

一〇時ごろ、畑中、椎崎来る。

一〇時四五分ごろ、（畑中ら三人で）近衛師団に向かう。

一一時ごろ、近衛師団司令部に到り古賀、石原参謀と面談。その間室より出でず。

（一五日夜）十二時半頃、森中将室に入る、暫くして畑中は外出す。

一時半ごろ、畑中帰来し古賀など数名（上原重太郎大尉、窪田兼三少佐ら――筆者）と森中将室に入り来る。

一時四五分、水谷大佐と参謀長室に入る。

二時、森中将、白石中佐殺害される。[39]」

4 畑中健二少佐の生い立ち

畑中健二少佐は、一九一二（明治四五）年三月二八日、京都府船井郡高原村（現在、京都府京丹波町）の旧家畑中悦二郎の二男として生まれた。ここで、一八歳まで過ごし、陸軍士官学校第四六期生、野砲兵第一連隊付きを経て陸軍大学を卒業した。一九四三（昭和一八）年八月、陸軍省軍務局軍務課（内政班）課員兼大本営参謀となり、そのまま八・一五を迎えた。当時三三歳だった。

京都府に勤務していた兄小一郎はすでに他界していたが、その生家と墓の映像がTBS系BS・iの特別番組「玉音放送を死守せよ」（日本電波ニュース制作）で二〇〇六（平成一八）年八月一四日に放送された。

畑中少佐の墓は一八歳まで過ごした故郷が一望の下に見渡せる丘の上にあった。戦後二四年経った一九六九（昭和四四）年八月に小一郎が建てたもので、墓石の表には「故陸軍少佐畑中健二之碑」と彫ってあり、裏側に「宮城前で自刃」という文字が刻まれている。

日本電波ニュースのクルーを墓に案内していたのは当主で、小一郎の娘婿に当たり「畑中少佐とは全く面識がない」と言う。映し出された生家の仏壇に畑中少佐のひときわ大きな写真が飾られていたのが印象的だ。

戦記ものの著書を多く残した飯尾憲士（故人）は畑中少佐の兄小一郎に会って弟について詳しく聞いている。そのなかで、小一郎は、陸士入学の事情についておおむね次のように話している。

「弟は京都の三高に進んで文学方面のことをやりたかったようだ。度胸試しに受けた陸士の合格通知をもらっても行かないと言っていた。ところが、地元の新聞が『四修で陸士合格』と大きく報道するし、町が祝賀行事をするほどで、弟は渋っていたが、中学校の先生や父親のすすめでやっと決心した。私は、弟は軍人向きではないと思っていた。陸士に入学した弟は、素直な性格のまま、市ヶ谷精神を全部受け入れたようだ」。

また、小一郎は弟がけん銃だけで自決したと伝えられるのに疑問を持ち、「つてを得まして」取り寄せたという死体検案書の写しを飯尾に渡している。それには「病名　右下腹部切創兼頭部貫通銃創」と記されていた。[40]

5　逆賊にしなかった

畑中少佐を中心にした「八・一五事件」の動きをまとめてみると、次のようになる。

① クーデター案に反対だった戦備課長を睨んで「バドリオ通謀者に即刻人事的処理を加えられたい」と激しい語調で阿南陸相に訴えた。

② 無条件降伏という再度の「ご聖断」が下ったことを阿南陸相が課員たちに告げた時、突然大声を上げて泣き出し、単身部屋を飛び出す。

③ 近衛師団司令部で石原、古賀両参謀に近衛師団の決起を要請し、同意を得たあと、東部軍司令部に行く。田中静壱司令官室に入室し、大声で所属、姓名を申告して決起を要請し、逆に大喝さ

れる。

④ 椎崎中佐を説得し、同志に加える。

⑤ 自決を考えている一期先輩の井田中佐に、残された最善の実行の道をとるべきだと説く。

⑥ 近衛師団司令部に来ていた陸士区隊長藤井大尉、航士区隊長上原大尉に「師団長を斬れ」という。

⑦ 椎崎中佐と井田中佐を訪ね、森師団長の説得を依頼。近衛師団の車で駿河台の宿舎に竹下中佐を訪ね、阿南陸相の決起要請を懇願。

⑧ 窪田少佐、上原大尉とともに師団長室に入る。椎崎中佐は部屋にいた。森師団長、白石中佐を殺害。

⑨ 古賀参謀が準備していたニセの師団命令を下達。皇居は外部から武力で遮断される。

⑩ 近衛師団と皇居内で玉音盤の捜索。

⑪ 畑中少佐の要請で窪田兼三少佐、陸相官邸に行き、竹下中佐に「森師団長殺害」を報告。

⑫ 畑中少佐、椎崎中佐は井田中佐から「東部軍、決起せず」と伝えられ、撤兵を諭される。

⑬ 畑中少佐ら東部軍参謀長、近歩二連隊長から皇居より退去を命じられる。

⑭ 畑中少佐、内幸町放送会館へ。ニセの師団命令で放送阻止のため放送会館を占拠していた小田敏生中隊長らと合流し、決起の放送を試みるが果たせず、立ち去る。

⑮ 竹下中佐に見守られ、阿南陸相が自刃。

⑯　東部軍田中静壱司令官、皇居着。反乱軍の姿なし。
⑰　畑中少佐が椎崎中佐と皇居前広場で自決。古賀参謀、翌日、森師団長の遺骨前で自決。四日後、上原大尉、航空神社で自決。

畑中少佐と椎崎中佐の二人は、八月一五日午前一一時二〇分、皇居二重橋と坂下門の間の松林で遺体となって発見された。自決前に二人が皇居前広場でサイドカーに乗って大声をあげながら「決起」のビラを撒いているのを目撃したものがいた。遺体は、所属長だった竹下正彦中佐の命令で憲兵隊が市ヶ谷台の陸軍省に運び、自決した阿南陸相の遺体とともに、夜、荼毘にふされた。

阿南陸相は自決する直前に畑中少佐らが森師団長を射殺した旨の報告を受け、陸相の自決に立ち会った竹下中佐に「今夜のお詫びも一緒にする」と洩らしたと伝えられる。また、高嶋辰彦東部軍参謀長は、師団命令がニセだとわかった段階で、畑中少佐に電話で、「いまの程度ならばまだ叛乱というほどのものではない。大命に従うことが正しい道理だ」と諭したと言われている。

荼毘のあと、吉本重章陸軍省軍務課長は椎崎中佐、畑中少佐について「一死以テ皇国悠久ノ大義ニ殉シタリ……両君ノ霊亦以テ瞑スベキナリ……」と弔辞(41)を述べ、二人を讃えた。畑中少佐の兄小一郎はこのときの弔辞を大事に保存していて、飯尾に会ったときに見せている。それを読むと、陸軍は彼らの行動を二・二六事件のときとは違って逆賊扱いをしていない。

七　皇居占拠事件と茶釜

1　皇居が乗っ取られた

八月一五日（水）早暁、皇居が軍隊に乗っ取られた。皇居を守るべき近衛兵が皇居の周りの門をすべて占拠し、何人の出入りも禁止した。電話線はすべて切断され、内外の通信が完全に遮断された。皇居は小銃隊、機関銃隊など一個連隊完全編成によって固められ、大隊砲が外に向けられた。空前絶後のことである。

師団命令で全員が配置に着いた午前二時過ぎ、占拠の首謀者で陸軍軍務課員畑中健二少佐と近衛師団参謀古賀秀正少佐の二人が、乾門から堂々と車を乗り入れ、二重橋近くの「警備司令所」に到着した。そこにはあらかじめ連絡を受けていた近衛歩兵第二連隊の芳賀豊次郎連隊長はじめ大隊長、中隊長などの将校が非常召集されていた。

畑中少佐らはそこで熱っぽく訴えた。ポツダム宣言を受諾すれば、皇祖皇宗の国体護持が危うくなる。天皇が「ご聖断」を下したのは側近にだまされたためなのだ。「君側の奸」を隔離しなくてはならない。阿南陸相はまもなくやってくる。このように前置きをしたあと、畑中少佐らは以下のように命じた。

・師団命令はニセものであること
・森赳師団長はやむなく射殺したこと
・天皇を擁して皇居に立て籠もること
・天皇の「ご聖断」に反対し、徹底抗戦すること
・東部軍には決起を要請中であること
・天皇の録音盤を奪取し、一五日正午予定の放送を阻止すること
・宮内省ではあわせて御璽を探し出すこと

これを聞いた将校たちは「愛国の至情」に感激して、即、立ち上がった。古賀少佐に録音盤の捜索を命じられた相浦紀一郎中隊長は部下約四〇人を整列させ「弾込め！」と号令をかけ、軟禁中の放送局の矢部謙次郎国内局長の案内で、古賀少佐とともに宮内省の建物に入った。

そのころ、畑中少佐、古賀少佐と足並みを揃えた椎崎二郎中佐、この三人に同調した将校の動きは慌しかった。森師団長射殺に加わった窪田兼三少佐は阿南陸相に皇居占領を報告するため陸相官邸へ向かった。竹下正彦中佐はクーデター決起の要請に向かった陸相官邸で義兄の阿南陸相が自決の準備をしているのに遭遇、介錯することになる。

近衛参謀石原貞吉少佐は師団司令部に残り、近衛歩兵第一連隊の渡邉連隊長らに出動要請をしていた。やはり森師団長射殺に加わった上原重太郎大尉は豊岡（埼玉）の航空士官学校へ戻り、多くの同志

の結集を呼びかけていた。「警備司令所」は「占拠軍総司令部」に変わり、ここから慌しく指令が発信された。

これより先、天皇の録音を終わった一行は、録音盤を宮内省側に預け、午前一時半ごろ、宮内省の車で坂下門を通って帰ろうとしたところ、着剣した兵士に足止めをされた。まず下村宏情報局総裁ら情報局関係の一行が捕まり、続いて放送局の大橋八郎会長らが捕まった。一行合わせて一八人はそろって、「警備司令部」の一角にあるわずか一六平方メートル（約一〇畳）の部屋に押し込められた。

見張り役の兵士が付き、トイレにも兵士が同行した。私語は厳禁だった。天皇の放送の手順を練った下村総裁は、「トイレに行ったとき重要書類はすべて破いて捨てた」[42]と記している。この軟禁は午前七時頃まで続いた。

畑中少佐は軟禁した宮内省の加藤進総務局長（下村総裁らを釈放するよう交渉に行って軟禁された）、放送局の大橋会長らを順に呼び出し、録音盤の在り処を問い詰めるとともに、内大臣、宮内大臣の所在を追及した。しかし、手がかりになる満足な答えは得られなかった。

東部軍の決起を要請に行った井田正孝中佐は逆に「事態収拾」を説得され戻ってきた。畑中少佐に「もういかんよ。東部軍はまったく起つ気はない。夜明けまでに兵を退け」と進言し、陸相官邸に向かう。このあと、畑中少佐は一本だけ残しておいた連絡用の電話で高嶋東部軍参謀長に呼び出され、「大命に従うことが正しい道理だ」と諭された。芳賀近衛歩兵第二連隊長は師団命令がニセとわかり、畑中らに皇居から退去を命じる。

録音盤と御璽は見つからないまま、畑中少佐は最後の手段として「決起の放送」をするため、サイドカーに軟禁中の荒川大太郎技術局長を乗せ、内幸町放送会館へ向かった。

報道機関には、陸軍決起の情報と「終戦の詔書」全文がほぼ同時に（午前三時ごろ）入った。両者の扱いで一時混乱したが、午前五時には皇居の占拠も解けた。ニセ師団命令で「天皇の放送阻止」のため内幸町放送会館を占拠した兵士たちにも正規軍から「放送援護」の命令が下り、正午の時報の後、予定どおり「玉音放送」は放送された。天皇の放送の後、和田信賢放送員が「終戦の詔書」の全文をリピートした。

2　危機一髪だった天皇の録音盤

皇居占拠事件で当時三八歳の徳川義寛侍従が皇居内で録音盤と御璽を捜索する将校に「斬れ」と号令をかけられ、兵士に殴り倒された。そのときの様子から八月一五日の光景が浮かび上がってくる。以下は徳川元侍従長から直接聞いた話である。

「それは午前四時半ごろのことでした」。徳川元侍従長は終戦の日の不快な思い出を淡々とこう切り出した。八九歳で亡くなるちょうど一年前のことだ。

ポツダム宣言受諾の二回目の「聖断」が下ったのは八月一四日（火）正午前だった。その前夜から一五日（水）早暁にかけての皇居周辺は異様な空気に包まれていた。

一四日午後一一時五五分、宮内省第二内廷庁舎で天皇の録音終了。それより前の午後一一時、竹橋近くの近衛師団司令部一階で森赳師団長と義弟の第二総軍参謀白石通教中佐の二人が拳銃で射殺された。一五日午前二時、ニセの師団命令が発令された。

天皇の「地下防空壕（御文庫付属室）付近で軍事演習をしたい」という軍事行動の前触れのような怪電話があり、宮内省内の緊張感は一層高まっていた。

不穏な気配を察知した放送局の矢部謙次郎国内局長は万一のことを考え、録音盤を宮内省に預けた。徳川侍従はそれを筧素彦庶務課長から受け取り、自分の仮眠室の衝立で仕切られた一番奥の押入れの戸棚のなかの軽金庫（高さ六〇センチ、横五〇センチ、奥行き四〇センチ）に納め、鍵をかけて、書類の山で覆った。こうして録音盤が保管されたのは、五月二五日の皇居宮殿の空襲の後、徳川侍従ら四人の侍従が机を入れて寝起きするのに使っていた皇后宮職事務官室の畳の部屋で、録音盤を捜索していた兵士は一人も気が付かなかったという。

徳川侍従は午前二時ごろ、一眠りしたところで反乱軍乱入の知らせを受け、天皇に事態を知らせるため、連絡用のトンネルを通って吹上御所へ向かった。御所の通用門は兵士が固めていたが、「侍従です」と言うと道をあけてくれた。そこで、先輩の入江相政侍従らと天皇のいる御文庫の重い鉄扉を閉めた。午前四時過ぎ、再び宮内省に戻る途中、兵士に呼び止められたが無視して内廷庁舎に入った。侍従武官室で海軍武官に「御文庫は安泰」と連絡したあと、外の様子を知ろうとして部屋を出たところ、先程呼び止めた兵士数人に取り囲まれた。内大臣の居場所を聞かれたので、「知らない」と答えると、だんだん殺気だってきた。反乱軍の首謀者らしい将校三人のうちの一人が「斬れ」と声をかけ、「大臣や側近がけしからん。日本精神がわかっているか」とわめく。徳川侍従は「日本を守っているのは君たち軍人だけではない。皆で力を合わせていくべきだ」と反論した。

この時、別の方向から来た兵士の一人に徳川侍従は顔をいやというほど強く殴られ、その場に倒された。眼鏡は飛び、頬が腫れ上がるほどだったが、それを潮時に反乱軍はその場を去った。もし徳川侍従が録音盤を保管している当人だと知られれば録音盤は無事ではすまなかったに違いない。間一髪のところだったといってもいい。

徳川元侍従長は、「正直のところ相当こわかったのですが、あの殴られた時よりも、その前に、すんでのことに軍刀で斬られるかと思うような危ない場面もありました。録音盤は誰にも見つけられない場所に隠したし、御璽は御文庫で別の侍従が保管していたので、もう大丈夫だという安堵感があって、案外度胸が据わったのだと思う」と述懐した。

これには後日談がある。徳川侍従を殴った軍曹は、栃木県佐野市出身の人で、戦後、家業を継いで釜造りの鋳物師になった。しかし、八月一五日早朝の皇居で侍従を殴った自分の行為がいつまでも忘れられなかった。なにしろ容赦なく力いっぱい殴ったことが気になっていた。相手は「トクガワ」と名乗ったのを覚えていたので調べたところ、徳川義寛元侍従長とわかった。そこで、一九五〇年から五年がかりで由緒ある銅鏡を十枚鋳潰し、それで茶釜を造り、徳川元侍従長に送った。「徳川さんはなかなか受け取ってくれなかったので、宮内庁と自宅に何度か足を運び、最後はむりやり受け取ってもらった」という。

徳川元侍従長が筆者に見せてくれた八月一五日の日記には「武は文に譲る」と記してあった。その意味は、武具を捨て、平時の長衣に着替えたローマ人の気持ちを表した古句だという。(43)

八　占拠された放送局

1　『日本のいちばん長い日』に異議あり

内幸町放送会館に着いた畑中少佐は、ただちに報道の部屋に行き、ニュースの責任者だった柳澤恭雄副部長にけん銃を突きつけながら、蹶起の趣旨を放送させよと要求した。この時の模様について、柳澤元副部長は名著『日本のいちばん長い日』に異議を唱えた。一九八五（昭和六〇）年九月号の「文藝春秋」の随筆欄に「『日本のいちばん長い日』に異議あり」という一文が載っている。柳澤元副部長によれば旧知の松本清張から紹介状をもらって日本電波ニュース社取締役の肩書きで書いたものだ。

『日本のいちばん長い日』は、太平洋戦争最後の日を多くの証言や資料に基づいて構成したドキュメントで、初版本は文藝春秋から一九六三（昭和三八）年に刊行された。その後、七三（昭和四八）年に角川書店の文庫版になり、九五（平成七）年には文藝春秋から再び「決定版」として出版された。この「決定版」は二〇〇六年七月、そのまま文春文庫となった。

この間、初版本が東宝映画創立三五周年記念（一九六七年）として、岡本喜八監督によって映画化された。柳澤元副部長は「異議あり」のなかで、この作品のクライマックスの一つでもある場面、つまり、徹底抗戦派の陸軍青年将校が内幸町放送会館を占拠したときの模様について、「事実誤認があるので、当時現場にいた一人として正しておきたい」と書いている。

柳澤元副部長が事実誤認として指摘したのは、「館野報道員（館野守男放送員の誤り――筆者）は、午前五時の放送をこのままとりやめても、（反乱軍に）放送させてはいけないと覚悟をきめていた。それには陸軍報道部嘱託平井政夫から一四日の夜にうけていた〝軍による放送局占拠〟の情報が役立った」と書いてある箇所（角川文庫版二四一頁、文藝春秋「決定版」二五三頁）のことである。

「実は、この情報を得たのは私である。がそのときの状況は実際には全く異なっていた」と記し、「情報を得て準備を整えていた放送局が反乱軍に整然と対処し、〝徹底抗戦〟を呼びかけ、決起をうながす放送を拒絶するのに成功したという趣旨の記述はまったく逆だった」と指摘している。

「異議あり」では、このあと、柳澤元副部長自身の体験を書いているが、随筆欄の紙数の都合で省略されている部分もあるので、私が柳澤元副部長から直接聞いた話を加えながら放送局占拠の模様を要約すると、次のようなことである。

2 畑中少佐と対峙したニュース担当者

「私は、当時、報道部副部長だった。戦前、戦中の放送局は自主取材できないことになっていた。しかし、降伏ならクーデターが起き、放送局占拠は必至と予測し、各方面に網を張っていた。そのうちの一つ、陸軍のニュースソース（平井政夫報道部嘱託）から一言、『行きますよ』と連絡が入ったのが一四日午後四時半だった。『わかりました』と言ってすぐ電話を切った。二人で決めた約束だった。幹部は会長以下、天皇の録音のため皇居に行って不在だった。反乱軍が来たら私が会おうと腹に決めた」。

「一五日午前三時前、ニセの師団命令で駈けつけた近衛歩兵連隊の一個中隊（三〇～四〇人）が内幸町放送会館を占拠し、五時から始まる放送を阻止した。続いて、一五日午前五時前、皇居での録音盤の捜索に失敗した陸軍軍務課畑中健二少佐が部下とともに報道部へ乗り込み、私の胸に拳銃を突き付け、『決起の趣旨を訴えたい。放送させよ。させなければ撃つ』と脅す。それを無言で拒否しながら、報道部の隣りにある第一二スタジオに連れて行った」。

「そこでは館野守男アナウンサーが放送開始に備えて準備をしていた。ここでも決起の趣旨を書いたチラシを手に『放送させよ』と迫った。周りにいた放送局員が『警戒警報中の放送は東部軍管区司令しかできない』と告げると、畑中少佐は東部軍参謀に電話をした。しかし逆に説得され断念し、午前七時前、畑中少佐は目的を果せず会館を去った。放送会館占拠中の近衛歩兵連隊の中隊長には東部軍管区司令から『放送を援護せよ』という一八〇度違った命令が伝えられ、以後、放送局占拠の兵士は東部軍の指揮下に入った。この間、放送局は史上初めて軍隊に占拠され、午前五時開始の放送が二時間二一分遅れの七時二一分からになり、そこで初めて館野アナウンサーが〝玉音放送〟の予告をした」。

「胸にけん銃を突き付けられたとき、とにかく、放送をさせてはならないと思っていた。そのうちだんだん相手の力が弱くなって、最後は『放送させてくれよ』と哀願調になった。怖くはなかった。畑中少佐からけん銃を突き付けられたのは私一人だった。占拠の情報を口外しなかったのは放送局員の動揺、占拠部隊との衝突、事前に青年将校が占拠に行くと教えてくれた通報者への危害を避けるためだった。したがって、放送局では、私以外は、放送局占拠という事態を事前には誰も知らなかったのである」。

「なぜ、事実が正しく伝わらなかったかと言えば、一九六三(昭和三八)年にNHKの放送史編集の人が会いに来たとき、それまで沈黙してきた事実をはじめて語った。ところが、事実が逆に受け取られ、当時のガリ版刷りの簡単な放送史の冊子に記録されてしまった。それが下敷きになって『日本のいちばん長い日』の記述になったのではないかと思う。『放送五十年史』以降は私の言うとおりに改められている」[44]。

一九九四(平成六)年、柳澤元副部長は帰郷の折、畑中健二少佐の生家を訪ねた。そこで、兄の小一郎から畑中少佐の少年時代の話を聞き、飯尾憲士同様、「辞世の句」や「死体検案書」、「弔辞」を見せてもらったという。「生きていれば一杯やりたかった」と筆者に語ったのが印象的だった。

3 映画のフィクション

以上のような経緯があったようだが、東宝映画『日本のいちばん長い日』(一九七六年)のなかでは、館野守男アナウンサーがスタジオのマイクの前で畑中少佐役の俳優黒沢年男から眉間にけん銃を突きつけられ、放送を強要されているシーンがある。

ところが、館野アナウンサーは「私は五時五分前になったので、スタジオに入って放送の準備をしていたら、畑中と若い少尉、銃剣を持った兵隊二人の計四人が入ってきたんです。……入って来るといきなり少尉がピストルを私の背中に突き付け、兵隊二人はスタジオの入り口に立ちました。畑中は『その放送止めてくれ。自分に放送させてくれ。』と原稿をみせました。命令口調ではなくふだんの会話でした」と述懐している。

もう一つ、映画について言えば、製作に協力した館野アナウンサーと岡本喜八監督との間で次のようなやりとりがある。

「台本によると、畑中少佐らがスタジオに雪崩込んで来て、私の眉間にピストルを突き付けて〈放送させろ〉と言ったことになっている。これは全然違います。……〈ここは違います。直さなければいけない〉、こう言ったら、岡本監督は〈ドラマを盛り上げるためにはどうしても畑中少佐はこういうふうにしなければダメなのだ。これを普通に直してしまったらドラマにならない〉」[45]。

映画のフィクションを取り立てて責めるつもりはない。しかし、新聞・テレビが伝えた柳澤元副部長の訃報には、「映画『日本のいちばん長い日』の一シーンにもなった」(朝日)、「映画『日本のいちばん長い日』でも有名なシーンの一つ」(毎日)、「映画『日本のいちばん長い日』のなかにも登場した」(読売)と書かれていた。NHKも「映画の有名なシーンにもなっています」と報道した。映画にはまったく登場しない柳澤元副部長にとってはさぞかし無念で複雑な気持ちだったであろう。

◇時系列で見た太平洋戦争末期

7月26日　ポツダム宣言発表。全世界に放送
28日　鈴木首相、ポツダム宣言「黙殺」
8月6日　広島に原爆投下
8日　ソ連、日本に宣戦布告
8日　下村情報局総裁、天皇に「放送」進言
9日　長崎に原爆投下
10日　御前会議「聖断」で条件付きポツダム宣言受諾決定。受諾文を海外放送。
「国体護持談話」「全軍布告」放送
12日　連合国の回答到着
13日　青年将校、阿南陸相に終戦阻止で「兵力動員計画」報告
14日　午前7時　梅津参謀総長、陸軍案に反対
午前11時　天皇、御前会議で再度の「聖断」

午後2時　閣議、「玉音放送」実施決定
午後3時　畑中少佐ら青年将校、田中東部軍司令官へクーデター要請
午後3時半　皇居に　録音機設置
午後4時　閣議
午後4時半　放送局へ反乱軍「行きますよ」の連絡
午後5時　「詔書文案」検討続く
午後9時　あす「重大放送」を放送で予告
午後9時半　詔書文案決定
午後10時　詔書清書、四ヶ所字句修正
午後11時　畑中少佐ら　森近衛師団長にクーデター要請
午後11時25分　天皇録音開始
午後11時50分　録音終了

15日
午前0時5分　天皇、御文庫へ戻る
午前0時半　徳川侍従、録音盤を軽金庫へ保管
午前2時　畑中少佐ら森師団長射殺、ニセ「師団命令」を発令
午前2時　放送局員、坂下門で反乱軍に捕まる
午前2時　反乱軍、皇居内へ
午前3時　反乱軍、放送局占拠。石渡、木戸両大臣避難

午前4時　田中東部軍司令官が近歩二連隊長へ真の命令
午前4時半　徳川侍従、反乱軍兵士から暴行受ける
午前5時　田中東部軍司令官、反乱軍を鎮圧
午前5時　畑中少佐、放送局へ、柳澤報道部副部長に「決起放送」要求
午前5時半　阿南陸相自決
午前6時　徳川侍従「反乱軍姿なし」確認
午前6時40分　三井侍従、天皇に状況報告
午前7時　畑中少佐、「決起放送」断念。天皇へ蓮沼侍従長鎮定報告
午前7時21分　定時より2時間21分遅れでラジオ放送開始。「玉音放送」を予告
午前10時　二組の録音盤、別々に皇居から放送局へ
午前11時　鈴木首相拝謁、畑中少佐、椎崎中佐ら自決
午前11時20分　枢密院会議　天皇親臨
午前11時45分　「本土上空敵機なし」（放送）
正午　「玉音放送」。四分三五秒（全体でリピート込み37分30秒）
天皇、地下防空壕で聞く
午後　1時　枢密院会議終了
5時20分　天皇、田中東部軍司令官を慰労
17日　東久邇宮稔彦（陸軍大臣）内閣成立。「大命を拝して」を放送

(1)『昭和天皇実録』宮内庁奉呈版の原稿＝ＣＤ版。
(2)寺崎英成『昭和天皇独白録　寺崎英成御用掛日記』文藝春秋、一九九一年。
(3)徳川義寛著、御厨貴・岩井克己 監修『徳川義寛終戦日記』朝日新聞社、一九九九年。
(4)前掲『昭和天皇独白録　寺崎英成御用掛日記』。
(5)日本放送協会編『20世紀放送史〈上〉』ＮＨＫ出版、二〇〇一年。
(6)北山節郎『ピース・トーク　日米電波戦争』ゆまに書房、一九九六年。
(7)朝日新聞一九九八年五月一四日付。
(8)前掲『20世紀放送史〈上〉』。
(9)木村栄文『記者たちの日米戦争』角川書店、一九九一年。
(10)児島襄『天皇と戦争責任』文春文庫、一九九一年。
(11)ＮＨＫＴＶドキュメンタリー『政府之ヲ管掌ス』一九八〇年七月一〇日。
(12)前掲『ピース・トーク　日米電波戦争』。
(13)東郷茂徳『外交手記』原書房、一九六七年。
(14)前掲『ピース・トーク　日米電波戦争』。
(15)ＮＨＫ国際放送ラジオ・ジャパン「終戦の条件を探れ」一九九一年八月一五日。
(16)大平進一『最後の内大臣　木戸幸一―「天皇制」存続への戦い』恒文社、一九八四年。
(17)前掲『ピース・トーク　日米電波戦争』。
(18)ヘンリー・スチムソン『平時と戦時に服務して』ニューヨーク・ハーバー社、一九四七年。
(19)安倍源基『昭和動乱の真相』原書房、一九七七年。
(20)ＮＨＫラジオ第一「戦後五〇年特集―昭和二〇年あの日あのとき」一九九五年八月。

（21）下村海南『終戦秘史』講談社学術文庫、一九八五年。
（22）前掲『ピース・トーク　日米電波戦争』。
（23）柳澤恭雄『検閲放送―戦時ジャーナリズム私史』けやき出版、一九九五年。
（24）同前。
（25）同前。
（26）『20世紀　どんな時代だったのか　戦争編　日本の戦争』読売新聞社編、一九九九年。
（27）『GHQ歴史課陳述録―終戦史資料〈上〉』原書房、二〇〇二年。
（28）同前。
（29）同前。
（30）同前。
（31）同前。
（32）『木戸幸一日記　東京裁判期』東京大学出版会、一九八〇年。
（33）前掲『外交手記』。
（34）迫水久常『機関銃下の首相官邸―2・26事件から終戦まで』恒文社、一九六四年。
（35）NHK取材班編「太平洋戦争　日本の敗因6」『外交なき戦争の終末』角川文庫、一九九五年。
（36）日本放送協会放送史編集室編『日本放送史〈上〉』日本放送出版協会、一九六五年、六四四頁から引用。
（37）藤田尚徳『侍従長の回想』講談社、一九六〇年。
（38）前掲『GHQ歴史課陳述録―終戦史資料（上）』。
（39）同前。
（40）飯尾憲士『自決―森近衛師団長斬殺事件』光人社NF文庫、一九九九年、三〇八～三〇九頁から引用。

(41) 同前、三〇八〜三一一頁から引用。
(42) 前掲『終戦秘史』。
(43) 秋山久「再検証〝玉音放送〟までの一二時間」『放送研究と調査』一九九五年八月。
(44) 同前。
(45) 同前。

第2章

戦争の犠牲者三一〇万人

一　「九軍神」と「捕虜第一号」

1　「軍神」の誕生

真珠湾攻撃から三ヶ月後の一九四二（昭和一七）年三月六日午後五時、ラジオの臨時ニュースは「海ゆかば」の後、海軍省と大本営の発表を伝えた。内容は、真珠湾攻撃に参加した特殊潜航艇の特別攻撃隊員九人の戦死だった。

この日のラジオ『軍事発表』の時間（午後八時〜）で、大本営海軍報道部課長平出英夫大佐は特別攻撃隊員の出撃に向かう情景を次のように話した。

「……しっかり頼むぞ、だいじょうぶだ。壮途を送るあいさつがかわされます。征くも残るも、送るものも送られるものも、感激悲壮の一瞬でありました。この時に及んで、なおいで立つ勇士たちは自若たるもので、年若い一士官は、お弁当を持ったり、サイダーを持ったり、チョコレートまでもらって、まるでハイキングに行くような気がすると勇んで乗り込んだといいます。……」(1)。

この話は多くの人の涙を誘い、大きな反響を呼んだ。平出大佐が称揚したのは「己を滅し国家に殉ずる犠牲的精神」であり、「志願した兵士たちの母親を『軍国の母』と讃たえ、その子を親孝行だったと褒めること」であり、「国民へ一死奉公の覚悟をうながすこと」でもあった。

翌三月七日、新聞各紙は戦死した九人を「軍神」として扱った。朝日新聞は、次のような大小の見出しとともに九人の写真と「白昼攻撃の絵」を載せ、一面のすべてを埋めた。

「殉忠古今に絶えず軍神九柱」

「偉勲輝く特別攻撃隊　挺身、布哇真珠湾を強襲」

「感状授与　忠烈を内外に宣揚せり」

「九勇士二階級を特進」

「今ぞ征く水づく屍　敵艦底へ肉薄の猛襲　艇人一体、従容死地へ　平出大佐放送」

「宿望達し帰らず」

記事の右下には、海軍省許可済みの絵「必殺　松添画伯描く白昼攻撃」が四段抜きの大きさで載った。国民は、真珠湾攻撃で「米戦艦アリゾナを撃沈したのは特別攻撃隊の手柄だ」と知らされていただけに、決死の攻撃に改めて心を打たれた。

特別攻撃隊の手柄については、一九四一（昭和一六）年一二月一九日の新聞各紙で、日本軍の戦果（戦艦五隻撃沈、四隻撃破など）として大々的に報じられていた。朝日新聞を見ると、「米太平洋艦隊は全滅せり」という見出しのもとに、大本営海軍部発表（一八日午後三時）が詳しく載っている。内容は、一二月七日、日曜日の午前七時四九分（日本時間一二月八日午前三時一九分）、ハワイ北方沖の機動部隊を発進した日本帝国海軍の第一次攻撃隊は、米太平洋艦隊の基地、真珠湾に第一弾を投じた。太平洋戦争の戦端を切り開いた真珠湾攻撃である。指揮官機（淵田美津夫中佐）は「トラ・トラ・トラ（ワレ奇襲ニ成功セリ）」と暗号電報を発信。この攻撃で米艦隊は戦艦アリゾナなど五隻撃沈、戦艦四隻大破などの大打撃を受け、米太平洋艦隊の戦艦部隊は戦闘能力を失った、というものだ。

ところが、大本営海軍部発表のなかに次のような注目すべき個所があった。

「同海域において特殊潜航艇をもって編成せるわが特別攻撃隊は警戒厳重を極むる真珠湾港内に決死突入し、味方航空部隊の猛攻と同時に敵主力を強襲或は単独夜襲を決行し、少なくとも前記戦艦アリゾナ型一隻を轟沈したる外大なる戦果を挙げ敵艦隊を震駭せり　我方の損害＝飛行機二九機、未だ帰還せざる特殊潜航艇」。

こうした戦果を挙げた特別攻撃隊九人の戦死だけに国民の涙を誘い、アメリカへの敵愾心は一層高まった。

「九軍神」の国葬に当たる合同海軍葬は、翌年の四月八日、日比谷公園で盛大に執り行われた。九人には山本五十六連合艦隊司令長官の「武勲抜群」とした「感状」が授与され、九人とも二階級特進した。その名と特進した階級、年齢は次のとおりである。

海軍中佐　岩佐直治（大尉）二六歳
海軍少佐　横山正治（中尉）二三歳
海軍少佐　古野繁実（中尉）二三歳
海軍大尉　広尾彰（少尉）二一歳

海軍特務少尉　横山薫範（一曹）二五歳
海軍特務少尉　佐々木直吉（一曹）二八歳
海軍兵曹長　上田定（二曹）二六歳
海軍兵曹長　片山義雄（二曹）二三歳
海軍兵曹長　稲垣清（二曹）二七歳

2　広がる軍国美談

マスコミはいつの時代でも世相を敏感に先取りして造語が巧みだ。戦意高揚に軍国美談は欠かせない。大本営や海軍の公式発表に「軍神」の文字はなかったので、一体誰が「軍神」という呼称を考えたのか。

記者に配る参考資料に「軍神」と書いたという元海軍報道部嘱託の人の証言がある。また、軍と新聞が一体だった当時のことだけに、「海軍報道部と記者クラブのあうんの呼吸だったんでしょうな」という元記者の話もある。(2)

読売新聞社が「特別攻撃隊を讃える歌」を募集したところ、わずか二週間に八九七二編の応募があった。こうして新聞・ラジオを総動員しての「九軍神」を讃える動きは、詩歌に、小説に、映画になって、瞬く間に全国にひろがった。その様子を山中恒は『御民ワレ　ボクラ少国民〔第二部〕』（勁草書房、一九七五年）で克明に記録している。

たとえば、「智恵子抄」の作者高村光太郎は「特別攻撃隊の方々に」という自作の長い詩（三三行）を前橋市群馬会館で朗読している。最後は次のように謳いあげ、昂揚した様子がうかがえる。

「語りつぎ、いひつぎて、
われらの道ここにありと、
子々孫々の末に至るまでの掟と為ませう。
外になにがありませう。
ただ無言の感謝と無言の決意があるのみです。」

「軍神」の名前を出して讃える歌もある。

『特別攻撃隊を讃える歌』井上淡星

「忘るな昭和一六年
極月八日大君の
醜の御盾と出で立って
朝日桜の若さくら
散った特別攻撃隊
岩佐中佐と八烈士」

国民学校の教科書にも取り上げられた。「一二月八日」の題で『初等科国語六』（初等科五年後期用）に載り、児童の心に軍国美談が植えつけられていった。

「九軍神」をモデルにした新聞小説も現れた。作家岩田豊雄（獅子文六の本名）が海軍の要請で一九四二（昭和一七）年七月から朝日新聞に連載した新聞小説『海軍』である。この小説は朝日新聞の読者が一挙に増えるほど大変な人気だった。

この小説を原作にした同名の映画（大本営海軍報道部企画、松竹制作）も作られた。

山中恒は『間違いだらけの少年H』（辺境社、一九九九年）のなかで、この映画を観て「映画の主人公横山正治少佐（「九軍神」のひとりで、映画のなかでは谷正人。鹿児島二中出身）の海軍兵学校の制服姿がものすごく格好いいと思っていた。」と海軍軍人にあこがれた若者の心をのぞかせている。

そのうえで「ハワイ奇襲作戦の開戦当初の感激がやや薄れかけようとしていたとき、この『九軍神』の発表は効果的であった。勿論、大本営もそこを狙ったのであろうが……。それと、ボクラ少国民をしてそれこそ『御民ワレ』と思わせ、戦争に勝つということがいかにすばらしいことかと思わせることがあった」と書いている。

3　捏造された「九軍神」

しかし、九人の戦死の発表は、真珠湾攻撃から三ヶ月も経っていた。そのうえ、なによりも二人乗りの特殊潜航艇五隻が出撃したのに「戦死者が九人とはおかしい。一〇人ではないのか」と噂がたった。そこへ「乗組員一人がアメリカに捕まった」という外国（スウェーデン）の話を聞いた者が出てきて、噂は噂を呼んだ。

では事実はどうだったのか。これまでに伝えられているのは、特別攻撃隊員一〇人が五隻の特殊潜航艇（二人乗り）に乗って、機動部隊の発進する五時間前に、真珠湾口付近でそれぞれ積載潜水艦から発進、魚雷二本を抱えて湾内への侵入をはかった。しかし、米艦の砲撃にさらされ、四隻が撃沈し、八人が戦死した。また、もう一隻は座礁して一人が戦死し、艇長一人が捕虜第一号となった。こうして、特殊潜航艇による作戦は戦果なく失敗に終わった、というのがほぼ定説になっている。

これが真実だとすると、大本営発表（一二月一八日）はどうして戦艦アリゾナ撃沈を特別攻撃隊の手柄にしたのだろうか。

この謎を解く鍵が、淵田美津雄の自叙伝『真珠湾攻撃総隊長の回想』（中田整一編・解説、講談社、二〇〇七年）にあった。淵田は日本海軍機動部隊の三六〇機を率いてハワイ奇襲作戦の陣頭指揮に当たり、敗戦後は厚木基地に日本側代表団の一員として連合国軍最高司令官マッカーサー元帥を迎え、一九四五（昭和二〇）年九月二日の東京湾上の戦艦「ミズーリ」号上の降伏調印式に立ち会った人物である。さらに、淵田は戦後キリスト教に回心し、平和の伝道者として八回アメリカ各地を旅している。

真珠湾攻撃については、多くの記録があるが、淵田美津雄自叙伝は、「九軍神」捏造の経緯を明かしていて興味深い。以下は、淵田自叙伝を中心に一部新聞記事などを参考にした。

①　まず、戦艦アリゾナの轟沈は、一二月八日朝、淵田指揮下の水平爆撃隊・爆撃第二中隊の八〇

〇キロ徹甲弾が火薬庫を貫通したためだ。戦艦アリゾナは、フォード島東側の繋留柱につながれていて、その外側には工作艦ベスタルが並んで横付けされていた。特殊潜航艇が戦艦に接近して魚雷攻撃するのはほとんど不可能だった。米国側も魚雷攻撃によるものだとは認めていない。

② それが特別攻撃隊の手柄になった経緯は、次のとおりだったようだ。

淵田は真珠湾攻撃後まもない一二月二六日、天皇に戦況を奏上するため、拝謁した。その日、大本営海軍部の潜水艦主務参謀の有泉龍之介中佐（淵田の一年先輩）から重要な相談を持ちかけられた。

「『淵田中佐、アリゾナの轟沈を特別攻撃隊の戦果に呉れないか』と、もちかけられ、私は苦笑した。『……アリゾナは無理だよ。……アリゾナには魚雷は利かなかったのだよ。……あとあと世界の物笑いになるよ。』」

淵田はこうしたやりとりを明らかにした後、「当時、第三国を通じて輸入されてくるニュース写真には、惨憺たるアリゾナの傾いている轟沈の写真が載っている。九軍神と讃えあげた特別攻撃隊のお手柄としてはもってこいであった。とうとうアリゾナ轟沈を特別攻撃隊の戦果にデッチ上げて、全国民の沸き立つなかで、盛大な国葬が営まれたのであった」と書いている。

③ 乗員二名の特殊潜航艇（全長二四メートル、一九四〇年完成）は魚雷二本の発射管を装備し、二〇〇〇トン級の潜水艦の格納筒に積まれて敵艦を急襲する小型潜水艦だ。噂のとおり、捕虜がいたことがわかった。オアフ島近くで座礁し、自艇に損傷を受けた艇長の酒巻和男少尉が失神状態で漂着したところを捕まり、捕虜第一号になった。

しかし、軍はこのことをひた隠しに隠し、出撃前に一〇人で撮った写真から彼を削り、艇長五人の寄せ書きから彼の署名を消した。酒巻少尉も決死の覚悟で出撃した心情は九人と同じだったのだから「十軍神」とするよう特別攻撃隊の指揮官(大佐)が上申したが、聞き入れられなかった、と淵田は書いている。

④「九軍神」が「武勲抜群」として二階級特進したのに対して、戦艦アリゾナを轟沈させた空中攻撃隊には、なかなか音沙汰がなく、翌年四月一五日にやっと山本五十六連合艦隊司令長官名の「感状」が出た。

ところが、「九軍神」より一段低い「武勲顕著」だったことから「戦死者が五五人いるのに」と不服が出る一幕もあったという。淵田は後日談として、「武勲抜群」ではなく「武勲顕著」だったのは、真珠湾攻撃の際、南雲忠一機動部隊指揮官が山本長官の意にそわずに、一撃の後、すぐ引き返したのがその理由だと「感状」担当の大佐から聞いたという。

一九九九(平成一一)年一二月二〇日付中日新聞朝刊に「真珠湾攻撃の捕虜第一号　酒巻和男さん死去」という次のような訃報記事が載った。

「太平洋戦争(一九四一—四五)で日本軍のハワイ真珠湾攻撃に加わって日本人の捕虜第一号となり、戦後はトヨタ自動車工業(現トヨタ自動車)に入社、ブラジル現地法人の社長を務めた酒巻和男氏＝愛知県豊田市(以下略——筆者)＝が一一月二九日に死去していたことが一九日、分かった。八一歳だった。葬儀は親族だけで執り行われた。死去は、遺族の希望で公表されていなかった」。

酒巻は、「帰国後の四九年に発行した著書『捕虜第一号』（新潮社――筆者）で『潔く死を選ぶのが正道だとも考えた』『捕虜になったからといって、何の理由をもって非国民と呼び、死なければならないと言い得るのであろうか』と、苦悩を記した。戦友の集まりには積極的に顔を出したが、捕虜生活については口を閉ざしたままだった」という。


当時、新聞各紙に、「軍神の母」の人となりを紹介する連載記事が載ったこともあり、「九軍神」の家には、連日、学校の生徒や婦人会、青年団などが列をつくってもうでた。

それから半世紀後の「軍神の家」はどうなったか。読売新聞が日米開戦五〇年を機会に「九軍神」の遺族の戦後を紹介した次のような記事がある。(3)

・旧海軍兵学校の関係者が五〇回忌をした
・生家はなく、「軍神誕生地」の碑が残っている
・墓、慰霊碑に県内外からの参拝客がある
・生家そばに遺品館があり、制服などを展示してある
・内輪で五〇回忌。生家近くに墓あり
・生家近くの県道沿いに墓あり
・墓石に「人乃価値は努力にて候」の自筆あり

・「軍神の墓」と示す道標がある
・親族以外に墓を知る人はほとんどいない
ここから時代に翻弄された「九軍神」の遺族の戦中・戦後がうかがえる。

二　皇居に一〇トン爆弾に耐える防空壕

1　大空襲で皇居の防空壕、転々と

太平洋戦争中、東京が受けた空襲は一一〇回あった。その被害は皇居も例外ではなかった。なかでも一九四五（昭和二〇）年五月二五日深夜に襲った空襲の被害は甚大で、皇居の明治宮殿（表宮殿）など大小二七棟（一八八八〈明治二一〉年一〇月完成）が四時間近く燃え続け、すべて焼け落ちた。昭和天皇は空襲警報が発令される度に、天皇の皇位継承と同時に継承される三つの宝物、三種の神器[4]のうち、皇居の「剣璽の間」にあった「璽」＝「曲玉」の実物と「剣」の形代とともに避難した、という。それでも宮内省第二期庁舎が延焼を免れたのは不幸中の幸いだった。終戦の「玉音放送」はここの御政務室で録音されたし、このあと触れる「吹上御苑御文庫」ができるまで「拝謁の間」として歴史的な役目を果たしている。

天皇が避難した防空壕については、これまで未解明の部分が多かった。しかし、宮内庁が戦後七〇年（二〇一五年）を機会に長い間〝開かずの間〟だった「御文庫附属室」を報道陣に公開し、それにともなって、ほぼ全貌が明らかになった。宮内庁のホームページにアクセスすると、「御文庫附属室」が皇居内のどこにあったのかを示す地図や防空壕内の部屋の見取り図が出ている。

この「御文庫附属室」は、広島、長崎への原子爆弾投下後、皇居も原爆投下の標的になっているという情報が流れ、天皇・皇后が一時避難したところでもあり、八月九日〜一〇日、八月一四日は、ここで御前会議が開かれ、天皇のいわゆる「ご聖断」でポツダム宣言受諾が決まった、いわば日本の運命が左右された場所でもあった。ところが、そこはいまも荒れ放題のままで、しかも最後の御前会議の写真は一枚もなく、その模様を知る唯一の手がかりは白川一郎画伯の描いた「最後の御前会議」の油絵しかない(5)。

天皇が避難した皇居の防空壕は転々とし、宮内省第二期庁舎の地下金庫室と呼ばれる防空室、「吹上御苑御文庫」の防空施設がある地下二階、それに「御文庫地下二階」と隧道で結ばれた「御文庫附属室」と呼ばれる「大本営附属室」へと三回変わった。

宮内省第二期庁舎の防空室＝通称「地下金庫室」

一九三五（昭和一〇）年ごろ、宮内省第二期庁舎の地下に鋼鉄の扉付きの「防空室」が完成した。皇居内に「防空室」というのは聞こえが悪いということで「地下金庫室」と呼ぶようになった。昭和天皇が最初に避難したのは一九四二（昭和一七）年三月五日の警戒警報発令のときで、このとき米軍機は東京上空にまだ来ていない。この年の九月三〇日から半年余りはここで就寝することになった。[6] この地下金庫室は、一九四五（昭和二〇）年八月一四日から一五日にかけて反乱軍兵士が「玉音放送」の録音盤と御璽を探して第二期庁舎内に乱入した際に、徳川義寛侍従の計らいで、君側の奸として命を狙われていた石渡荘太郎宮内相と木戸幸一内相らが避難し、無事だったという逸話がある。

吹上御苑御文庫地下二階＝通称「御文庫地下室」

一九四一（昭和一六）年五月、着工、翌年の一二月三一日に建築を完了した。四三（昭和一八）年四月一日から天皇・皇后はここで起居するようになり、翌年の一二月一二日からは「本日より、御格子（就寝）は『地下室』に御願ひすることにて御許を得たり」[7]という。以来、天皇・皇后は、敗戦後、新宮殿ができるまでの一六年間、「吹上御苑御文庫」で過ごし、天皇は午前中に表御座所（御政務室）、午後は御文庫で過ごすのが日課となった。

建坪一三二〇平方メートル。東西七五メートル、奥行き二〇メートルの鉄筋コンクリート造りで、地上一階、地下一階・二階の三階建て。両陛下の寝室、居間、書斎、応接室、皇族御休息所、食堂、洗面所、侍従室、女官室、風呂、トイレなどがある。このほか、映写ホール、ピアノ、玉つき台なども備えてあった。

屋根は一トン爆弾が落ちても天井を突破しないように、コンクリート一メートルの上に砂一メートル、さらにその上にコンクリート一メートルの計三メートルの厚いものにした。その地下二階に空襲のさい避難する地下防空室があった。工事は大林組が二〇〇万円で請け負ったという。[8]

吹上御苑御文庫附属室＝通称「御文庫附属室」

東京大空襲後の戦況はさらに厳しくなっていた。ドイツではヒトラー総統の山荘（バイエルン州ベルヒテスガーデン）が米軍機の一〇トン爆弾で攻撃されたという報告や米軍機B29が八トン爆弾を積載しているという情報が飛び交っていた。阿南惟幾陸相は本土決戦に備え長野県松代に大本営の移転先を決め、そこへ皇居の移転も考えていたが、天皇に「私は行かないよ」と拒否された。そこで、すでに造られながらほとんど使用していなかった地下一〇メートルの防空壕「御文庫附属室」を一〇トン爆弾に耐えられるように補強工事し、「吹上御苑御文庫地下二階」と「御文庫附属室」の間一三五メートルを隧道で結んだ。

こうして完成した日本で最強の防空壕は、全体の広さが六三一平方メートルで、外壁は厚さ三メートルのコンクリートで覆われていた。六〇平方メートルの会議室と御休所のほか、事務室、通信室（無線電話付き）、機械室がある。床は板張り、各室とも厚さ約一メートルの鉄筋コンクリートの壁で仕切られ、入り口の扉も厚さ三〇センチの鋼鉄製だった。

「一帯には、数千枚の擬装網が張られ、その下では毎日、数千人の近衛兵が昼夜兼行で突貫工事を行っていた。十数台のコンクリートミキサーやウインチが唸り、レールの上をトロッコが騒音を上げて走り回った。夜は煌々と照明が灯り、空襲警報が出ると突然、消灯され、作業が中断された。……」(9)。

ここで一九四五（昭和二〇）年六月二日には枢密院本会議が初めて開催されている。天皇自身は広島への原爆投下後、使用することになったが、「御文庫付属室への御待避は御気がおすすみにならなかったが、甘露寺次長申し上げて、お入りと決まる。後3・0―5・0空襲警報発令され防空室へお待避[10]」とあまり気が進まなかったようだ。

しかし、皇居を離れることを拒否した天皇は三つの防空壕に避難することによって、皇居への再三にわたる空襲から身を守ることができたといえる。

2 皇居を襲った米軍機パイロット

東京の上空を飛んだ米軍機のパイロットたちのなかには、戦後、「上官から『皇居は狙うな』と言われていたが、皇居は格好の標的だった」と語るものが多く、皇居は再三にわたって激しい爆撃を受けた。一九四五(昭和二〇)年に入ると、空襲の被害が次第に大きくなり、皇居の大半が焼けた。戦時下、天皇の側に仕えていた小倉庫次侍従の「日記[11]」の記述から主な空襲の記録をそのまま日付順に並べてみる。

・二月二五日(日)女官の住まい焼ける

「B29百数十機、帝都来襲。宮城内も局(女官たちがすむ棟――筆者)約半分、主馬寮厩仕合宿所など消失す(焼夷弾による)。大宮御所、秩父宮御殿などに爆弾落下す」。

・四月一三日(金)宮城御所など焼失

11・00―2・25、約一五〇機、帝都中心部および西北部に侵入、投弾。宮城御所にも被害あり。賢

所参集所、賢所仮殿、御羽車舎、進修館等消失す」。
・五月二五日（金）大火となり、殉難者三三人
「B29二五〇機来襲、焼夷弾を投下す。都下に大火災発生す。宮城表奥御殿、大宮御所、東宮御所、青山御殿、秩父宮、三笠宮、伏見宮、閑院宮、梨本宮、霞ヶ関離宮等、炎上す。宮城は正殿屋根裏に火を発し、（狐格子より火の粉入りたるため――原文のまま）大火となる。皇后宮御殿の裏庭にも同様発火、一時消し止めたるも、表宮殿より延焼の為、御静養室を残し木造部分全部焼失す。恐くの極みなり。第二期庁舎への延焼は必死に之を食ひ止めたり」。

3　反乱軍鎮圧に壕内から無線電話を使う

宮内庁が戦後七〇年を機に明らかにした「御文庫附属室」の見取り図に、「通信室」が記されている。ここに宮城事件が失敗に終わった鍵があった。実は八月一五日午前二時すぎから皇居は反乱軍に占拠され、通信線はすべて遮断され、外部との連絡がとれない状況だった。そうしたなかで、どのようにして、早暁、反乱軍を鎮圧した田中静壱東部軍司令官に連絡がとれたのか、長い間、謎だった。その謎が解けたのは一九六三（昭和三八）年だった。徳川義寛元侍従長によると、敗戦二週間前の八月初め、「御文庫附属室」内の「通信室」に海軍が「九三式超短波無線電話機」を取り付けた。この無線機を使って中村俊久侍従武官が海軍省の長澤浩軍務局第一課長に連絡、海軍省から東部軍の田中司令官へ伝えたことがわかった。徳川元侍従長は「午前四時半ごろ、中村侍従武官から『外部との連絡はすで

にとれた。田中軍司令官は明るくなったら出てこられるだろう』と聞いた。午前六時に部屋の外に出たら反乱軍の兵隊は一人もいなかった」と証言している。[12]中村侍従武官が使った電話が「通信室」の無線電話だったのだ。

三　空襲報道禁止の示達

1　最初の東京空襲後、空襲報道を禁止

東京が最初に空襲の被害にあったのは、一九四二（昭和一七）年四月一八日正午過ぎだった。ハワイ真珠湾攻撃から約四ヶ月半後、日数にして一三二日目である。空襲したのは、ノース・アメリカンB25の一六機で、指揮官ドウリットル（James. H.Doolittle）中佐の名をとって「ドウリットル隊の空襲」といわれている。

B25は、九〇〇キロの爆弾を積み、一五〇〇メートルの滑走で離陸することができ、航続距離は三〇〇〇キロという当時としては画期的な攻撃機だった。

空襲の当日、犬吠埼の東、東京まで一二三五キロ離れた海上で、B25は航空母艦「ホーネット」から発進した。日本側は、無線連絡で本土空襲近しと判断したものの、まだ一〇〇〇キロ以上離れていたので、飛来するのは一九日以降と踏んでいた。日本軍の航空母艦は小型機しか艦載していなかった

ので、三〇〇〇キロ飛べる中型機を載せているとは考えつかなかった。したがって、途中、反撃できないまま、日本本土へ飛来し、空襲警報は第一弾投下から一四〜一五分後に出る始末だった。攻撃目標は軍事施設に限っていたというが、かならずしも守られていない。

東京攻撃は六機、他は川崎、横須賀、横浜、名古屋、大阪、神戸へ向かう。東京では爆弾二五〇キロ級六発、焼夷弾四五二発が投下され、荒川区、北区、文京区中心に住宅が焼ける。死者三九人、重軽傷者二三四人。東部軍司令部は午後一時五七分、ラジオを通じて次のような発表をした。

「午後零時三〇分ごろ、敵機数方向より京浜地方に来襲せるも、わが空・地両防空部隊の反撃を受け逐次退散中なり。現在まで判明せる撃墜九機にしてわが方の損害は軽微なる模様なり。皇室は御安泰にわたらせらる」。

ここでは国民の犠牲者に触れていないだけでなく、この時点では戦果はゼロなのに「撃墜九機」とウソの情報を流し、皇室の御安泰を強調している。この最初の東京空襲で、国民の間では連戦連勝の気分が吹き飛び、軍部の面目はまるつぶれとなって本土防衛強化へ向かう。

ドウリットル隊は日本全国十数個所を奇襲攻撃し、死者約五〇人、けが約四〇〇人の被害を与えた。攻撃機一六機は日本上空では無傷のまま、中国、ソ連へ向かい、途中、搭乗員は落下傘で降下した。搭乗員八〇人のうち、八人は日本の捕虜になり、三人は死刑になったが、その他は大部分が無事帰国した。

このドウリットル隊の空襲後、当局から次のような「空襲報道の禁止示達」が出て、「市街家屋に多少の損害発生せるも、市民の敢闘により概ね鎮火せり……」式の報道が多くなり、空襲の実態とはおよそ遠いものになっていった。(13)

◇空襲報道の禁止示達

敵機来襲に関する記事（写真を含む）は陸海軍省令による検閲を受くるのほか、例えば左記例示の如く事実を誇張し、または刺激的にわたらざるよう記事編纂上注意ありたし

一　被害程度に関し発表以外にわたるが如きもの
二　被害状況を描写するにあたり悲惨感を与えるが如きもの
三　被害個所を局部的に描写するもの
四　罹災者の狼狽状況
五　死者または傷者の運搬状況に関する写真
六　死体写真
七　敵機襲来に関する流言飛語
八　その他敵国に利用せらるるが如きもの

2 日本全土、焦土と化す

一九四四（昭和一九）年六月一六日（ドウリットル隊の空襲から二年後）、中国から発進したB29が北九州の八幡製鉄所を爆撃した。飛来したのはB29四七機で、五〇〇ポンド爆弾三七〇発を投下する。

七月七日、サイパンが陥落し、八月初旬、米軍はサイパン、テニアン、グアムの占領（マリアナ作戦）を終わり、日本本土はマリアナ諸島を発進基地にしたB29の爆撃圏内に入った。B29の航続距離は五二三〇キロで、サイパンから東京までは二二五〇キロであった。

一一月二四日早朝、サイパン島を発進したB29八八機が東洋最大といわれた飛行機メーカー中島飛行機武蔵製作所を爆撃する。以後の空襲は三つの時期に分けられる。(14)

〈第一期〉一九四四年一一月二四日〜一九四五年三月四日

発動機製作所、航空機工場を高度一万メートルから精密爆撃。B29六〇〜八〇機が五〇〇ポンド爆弾使用

〈第二期〉一九四五年三月一〇日〜六月

三月一〇日午前〇時七分ごろ、東京の下町への爆撃。高度一八〇〇メートルの低空からB29三〇〇機が焼夷弾によるじゅうたん爆撃。死者一〇万人、焼失家屋二七万戸。この日以降、空襲続く。米軍は市街地の五〇％が焼失すると、その都市は攻撃目標から除外（東京、名古屋、大阪、横浜、神戸、尼崎は五〜六月初旬に除外された）。

〈第三期〉一九四五年六月一七日〜八月一五日
全国五七の中小都市の市街地が一六回焼夷弾のじゅうたん爆撃を受ける。これで、日本全土は焦土と化し、広島、長崎の原爆被害をのぞいた本土空襲による犠牲者は少なくとも二六万人に達する。

3　ルメイ司令官に勲一等旭日大綬章の怪

日本では東京大空襲の作戦を立てた人物として知られる米空軍元司令官カーチス・ルメイ元帥が、一九九〇(平成二)年一〇月一日、この世を去った。八三歳だった。毎年めぐりくる三月一〇日の東京大空襲の日にこの名前を何人の人が思い浮かべるだろうか。

二〇〇五(平成一七)年三月一〇日読売新聞は東京大空襲から六〇年の朝、「東京大空襲　明らかに『戦争犯罪』だった」という社説を掲げた。その冒頭でカーチス・ルメイ元司令官が「もし、われわれが負けていたら、私は戦争犯罪人として裁かれていただろう。幸い、私は勝者の方に属していた」と後年語った言葉を紹介している。

そのルメイ元司令官に日本政府は「航空自衛隊の育成に協力した」という理由で、一九六四(昭和三九)年、勲一等旭日大授章を贈った。佐藤栄作内閣の時だった。読売は社説の後段で、一九九二(平成四)年、ドレスデン爆撃を指揮したアーサー・ハリス将軍の銅像がロンドンの中心部に建てられた際、ドイツ政府は強く抗議したと日独の国民性の違いを指摘した。

ルメイ司令官は爆撃機集団の指揮者として、一九四五(昭和二〇)年一月以降、広島・長崎の原爆投

敗戦の年、非公式に国技館で大相撲中継

民放の人気長寿番組「徹子の部屋」（テレビ朝日、2008〈平成20〉年7月9日放送）の追悼集を見ていたら藤倉修一元NHKアナウンサー（93歳で死亡）を偲んでいた。このなかで、かつて「徹子の部屋」で披露した敗戦の年の大相撲中継の秘話をピックアップしていた。

それは敗戦の年の6月のことで、本所・深川方面を中心とした東京大空襲（3月10日）で天井が穴だらけになった国技館から大相撲中継をやったという。藤倉元アナウンサーは「お相撲だけは軍でも許可していた。日本ではまだ悠々やっているんだということを宣伝したかったんでしょうね。ただし、放送は海外向けの短波放送＝東亜放送だけで、国内向けはなく、国内では誰も聞いた人はいなかった。双葉山など四横綱がいたけれど、優勝したのは幕内筆頭の備州山（びしゅうやま）でした」と言っていた。

日本相撲協会のWEBサイトで確認したところ、6月の場所は、7日間行われ、前頭筆頭の備州山大八郎（伊勢が浜部屋）が7戦7勝で優勝した、と記してあった。両国国技館は前年2月、陸軍の風船爆弾（米本土爆撃を目的に造った気球による爆弾兵器）の製造工場用に接収され、この場所は傷痍軍人のみを招待して非公式に行われ、敗戦の年に行われた唯一の場所となった。

下にも深く関与し、「木と紙でできた日本の民家は、全てボルトやナットなど武器を作る軍需工場だった。それをやっつけてなぜ悪いのか」とうそぶき、「原爆を落とすまでもなく、戦争は終わっていた」と首都空爆の決定的効果を自賛していたという。(15)

ルメイ司令官は米空軍参謀総長として東京オリンピックの年の一九六四（昭和三九）年一二月七日来日し、埼玉県の航空自衛隊入間基地で航空幕僚長から勲一等旭日大授章を受け取っている。なんとも不可解である。

四　広島原爆投下から二日間

1　一瞬にして〝陸の孤島〟に

一九四五（昭和二〇）年八月六日午前八時一五分ごろ、広島はB29米軍爆撃機「エノラ・ゲイ」が投下した原子爆弾によって一瞬のうちに壊滅状態になった。いまでいうライフラインは全滅し、ラジオ、電話、電信の伝達手段もすべて断絶し、四〇万都市は〝陸の孤島〟となった。

大本営は「本土決戦」にそなえて、この年の四月、本土を二分し、西の守りとして広島に陸軍第二総軍司令部（総司令官畑俊六元帥）を置いたばかりだった。広島を中心とする中国地方の実際の防衛には中国管区司令部がその任に当たり、万全の体制を整えているはずだった。

にもかかわらず、侵入してきたB29を撃ち落せなかったばかりか、深刻な事態を把握するのに数時間を要した。

2 原子爆弾投下とわかるまで

［八月六日投下直後］

・午前八時二五分ごろ、海軍省の本土防衛担当官に呉海軍鎮守府から「約一五分前に広島上空でおそろしい閃光が見えた。広島の中国軍管区司令部に電話がかからない」という連絡があった。

・陸軍省と中国軍管区司令部との連絡は途絶えていた。

・全国のラジオ放送をモニターしていた東京放送局の担当者は広島放送局の放送が午前八時一六分に中断したことをキャッチした。不審に思ったが、回線がつながらず確認する方法がなかった。

・東京の鉄道電信部には広島に近い駅から「広島でものすごい爆発があった」という連絡が相次いだ。広島駅に連絡してもつながらなかった。

［投下数時間後］

・海軍は偵察のため飛行機一機を広島に派遣した。

・午前一〇時ごろ、陸軍第二総軍司令部が船舶司令部を通じて大本営陸軍部に惨状を報告。

・阿南陸相のもとに広島の憲兵隊から「全市、炎の海」と報告。

［午後］

・海軍の派遣機、同盟通信（国策通信社）などから大本営、首相官邸に情報が入る。爆弾は「特殊爆弾」か「原子爆弾」。米軍機は「B29数機」。広島市は「全滅」「死者一七万人」など。
・政府首脳（鈴木首相、迫水書記官長ら）、「広島に原子爆弾投下の可能性」と結論。
[夕刻]
・昭和天皇の耳に「広島市全滅」の報を入れる。
[深夜]
・午後一一時四五分（米東部戦時時間八月六日午前一〇時四五分）、トルーマン米大統領が「広島に原子爆弾投下」の声明を発表。一五分後、米NBC放送がこれを速報。
[八月七日午前]
・午前一時三〇分ごろ、同盟通信川越分室がトルーマン米大統領の声明を伝える米NBC放送を傍受。
・午前二時、同盟通信局長が東郷外相、迫水書記官長に米大統領の声明の傍受内容を報告。
・午前八時、仁科芳雄博士が軍の広島調査班に同行を求められる。
・情報局は広島空襲の記事について「一切事前検閲を行う」と決定。
・陸軍報道部はトルーマン声明の報道は「一切不許可」とする。
・午前一〇時一〇分、同盟通信のアメリカ向け英語送信は「UPとロイター通信によれば」として、トルーマン大統領が声明を発表したというニュースを海外へ発信。
ここで見逃せないのは、報道規制のなかで日本から打ち返し報道というかたちをとりながら、「原子爆弾投下」の報道が行われたことだ。

・午後一時三〇分ごろ、宮城（皇居）謁見室。昭和天皇に側近の木戸幸一が報告。天皇は「戦争の早期終結」を望む。

［午後］

・午後二時、仁科博士らの広島調査班（二〇人）が陸軍立川航空基地から双発機二機で飛び立つ。

・首相官邸閣議室で閣僚一五人が「原子爆弾」の報道について議論。阿南陸相「公式には何もいうべきではない」。東郷外相「トルーマン声明は隠せぬ」。

・午後三時三〇分、大本営発表。

① 昨八月六日広島市は敵B29小数機の攻撃により相当の被害を生じたり。

② 敵は右攻撃に新型爆弾を使用せるものの如きも詳細目下調査中なり。

これより前、情報局部長会議は、二つの方針を決定した。

① 対外的には、かかる非人道的武器の使用について徹底的に宣伝を開始し世界の世論に訴える。

② 対内的には、原子爆弾なることを発表して、戦争遂行に関し国民に新たな覚悟を要請する。

これに対して、軍部は「原子爆弾なりと即断できぬ」として、結局、「原子爆弾」という字句は放送にも新聞にも使わせないことになった。

・午後七時、仁科博士搭乗機、エンジン故障で引き返し、翌八日、改めて現地へ。博士は周辺に投下された爆弾は「原子爆弾だ」と話す。正式には八月一〇日付けで大本営に送られた「広島爆撃調査報告」のなかで、「原子爆弾なりと認む」と記述。

3 ラジオの第一報は「八月六日午後九時」

広島放送局は爆心地から一三〇〇メートルの至近距離にあった。この日、ここに在籍する職員のうち、一五%に当る三八人が犠牲となった。建物は鉄筋コンクリート二階建てで、三階に木造部分が建て増ししてあった。

二階には中国軍管区司令部、海軍呉鎮守府と直通電話で結んだ「警報連絡室」があり、そこのベルが鳴ると放送部員が警報文を書き取って放送員（アナウンサー）に手渡し、向かいのスタジオで放送する仕組みになっていた。

当直だった古田正信放送員は手記のなかで次のように書いている。

「八時一三分、中国軍管区情報、敵大型機三機、西条上空を西進しつつあり、厳重な警戒を要す」という放送文を持ってスタジオに入り、放送開始のブザーを押した。そのとき八時一五分。「中国軍管区情報―、敵大型機三機、西条上空を」、ここまで読んだとき、体が宙に浮いた、という。

このとおりだとすれば、被爆直前の「警戒警報発令」の放送は途中で終わり、被爆の放送はない。では、ラジオニュースが広島被爆の第一報を伝えたのはいつ、どこからか。いまなお、八月六日「午後六時説」と「午後九時説」などがある。

『20世紀放送史〈上〉』（NHK出版、二〇〇一年）は北山節郎著『太平洋戦争メディア資料Ⅱ』（緑蔭書房、一九九七年）をもとに「午後九時説」をとっている。その根拠は、グアムで傍受されたアメリカ側の記録だ。

そこには、午後六時の大阪放送局のニュースの時間に広島被爆のニュースはない。午後九時のニュースの時間になると、トップニュースで「B29（複数）が広島市に侵入して、焼夷弾と破壊爆弾（demolition bombs）による攻撃が行われた。損害は目下調査中である」と放送された記録が残っている。この傍受記録は英文で、東京発の全国ニュースと思われるが、確証はつかめていない。

一方、多くの資料に使われている「午後六時説」については、出所とみられるニーベル、ペイリー著『もはや高地なし』（光文社、一九六〇年）のなかで、八月六日午後六時のラジオニュースが「今朝八時二〇分、B29数機が広島市を爆撃、焼夷弾と爆弾を投下した後、退去した。被害は目下調査中である」と伝えていることを紹介している。

しかし、グアムで傍受したアメリカ側の記録の英文は、同盟通信が八月六日午後六時に発信した東亜向けカナ文字送信と同じであり、かつまた「もはや高地なし」の原文とも一致するという。同盟通信はモールス通信を無線（ラジオ）である短波で送信し、これを「放送」と呼んでいたので、これを放送協会の国内ニュースと誤解し、混同した可能性があるとし、広島被爆を伝えた最も早いラジオニュースは午後九時だったとニーベル、ペイリーはみている。

「午後六時説」であれ「午後九時説」であれ、いずれも大本営の発表どおりの第一報だった。

新聞の扱いはどうだったのか。たとえば八月七日付朝日新聞東京版は四行一段と目立たぬ小さな記事扱いで処理されている。

八月八日付の朝日新聞東京版になると、トップ四段見出しで「広島へ敵新型爆弾、B29少数機で来襲攻撃、相当の被害、詳細は目下調査中」とあり、五日後は、朝日新聞大阪版八月一一日付が「原子爆弾は毒ガス以上の残虐」という見出しで報道を禁止されていた「原子爆弾」という文字が初めて報道された。

しかし、敗戦後の報道はGHQによって規制が行われ、九月一九日発令されたプレスコードで、原爆による被害の実態やそれを非難する報道ができなくなった。投下から一一ヶ月後、中国新聞発行の「夕刊ひろしま」一九四六(昭和二一)年七月六日付に「世紀の記録写真」という見出しで原爆投下当日の写真三枚が初めて載った。続いて、朝日新聞大阪版の同年九月一三日付に「原子爆弾広島市に炸裂直後の状況」の見出しで投下当日のきのこ雲の写真が掲載された。

ここに敗戦前後の原爆報道が敗戦前は日本軍部に、敗戦後はGHQに思いのままに振り回される姿が見られる。

五　〝征きて敵米英を撃て〟

1　慚愧に堪えない「出陣学徒壮行会」の放送

一九四三（昭和一八）年一〇月二一日、雨の降る明治神宮外苑競技場で「出陣学徒壮行会」が行われた。中継放送は当初、和田信賢放送員が担当の予定だったが、放送開始直前に急遽、志村正順放送員が行うことになった。ニュースと違って原稿はなく、志村放送員は式次第の紙を見ながらアドリブで二時間半放送したというのが語り草になっている。

冒頭の出陣学徒の人数を放送しなかったのは、軍事機密で明らかにできなかったためだという。

「征く。東京帝国大学以下七七校××人、これを送る学徒九六校、実に五万名、今、大東亜決戦に当たり、深く入隊すべき学徒の尽忠の至誠を傾け、その決意を高揚するとともに、武運長久を祈願する出陣学徒壮行の会は、秋深き神宮外苑競技場において、雄々しくも、そしてまた、猛けくも展開されております。日章旗翩翻《へんぽん》として中空にひるがえる間に、なおも学徒行進は続いていきます。慶応大学、早稲田大学、明治大学、法政大学、中央大学、日本大学、専修大学、立教大学、拓殖大学、駒澤大学、立正、農大、日本医科大学、大正、上智大学、国学院、東洋大学と、各大学の行進はまったく終わりました。正面芝生、所定の位置、順次隠然たる整列を続けております……」

続いて東條英機首相の壮行の辞。岡部長景文相の挨拶。最後に見送る側の学生の言葉、出陣学徒代表の勇ましい決意表明があった。

志村放送員のしめくくりは「……かくして学徒部隊は征く。さらば征け、征きて敵米英を撃て。征き征きて勝利の日まで大勝をめざして戦い抜けと念じ、はなむけと致しましてここに外苑競技場の出陣学徒壮行会の中継放送をおわりたいと存じます」だった。

この「征きて敵米英を撃て」といったことについて、学徒の三分の二が戦病死、ないし負傷したことを知って、「思えば、ぼくも残酷なアナウンスをしたものです。『敵米英を撃て。』と言ったのですから。有為な青年を死地に送る放送を、ああまで声を張り上げてやったのかと、今は慙愧の念に堪えません」と振り返っている。(16) 時代とともに生きる放送人の姿といえる。

2 「弾除け神社」に出征兵士の写真二万枚

日本列島西端の山口市（旧佐波郡徳地町）にある三坂神社は、第二次世界大戦中、「弾除け神社」と呼ばれていた。延喜式に記載がある古社といわれ、日清、日露戦争の時に「氏子から一人も戦死者が出なかった」という言い伝えから、出征兵士の写真を奉納して神の加護を祈る風習が日中戦争のころから生まれたという。

神社の「御由緒」によると、「日支事変、大東亜戦争中、武運長久祈願のための参拝者数知れず、野尻防石鉄道岸見駅（戦後、鉄道そのものが廃業——筆者）より社頭まで一キロの道を延々人並みが続いた。一日最高祈願者数八八〇人。一九四六年六月の、占領軍MPにより臨検を受く[17]」とある。

奉納された写真はおよそ二万枚といわれ、このうち一部は敗戦後、生きて帰った出征兵士本人や遺族に返された。しかし、GHQは国家神道廃止の指令を発し、神社に残った写真は軍に協力したとして摘発の対象になることが恐れられた。焼却処分の声もあったが、「魂がこもった写真を焼くわけにはいかない」と、写真を包んだ和紙に「武運神」「武運長久」と書かれた戦意高揚の文字を墨で塗りつぶし、長持ちに入れて隣家の床下に隠し、難を逃れたという。

写真の裏には住所、氏名が書かれ、残った写真は山口県を中心に北は北海道、南は鹿児島、さらに大連、京城、釜山などのものもあった。写真を一枚でも多く持ち主に返そうとしていた父親の後を継いだ佐伯治典宮司は一九八〇年ごろから報道関係の協力を求めるとともに写真奉納者宛てに、写真を返却したいと呼び掛けている。二〇一七（平成二九）年には山口県内各地で写真の展示会を開いた。

日中戦争から敗戦までの間、山口市では一九三七（昭和一二）年八月一日、山口歩兵第四二連隊出征式、一九四一（昭和一六）年三月一二日、満州開拓山口中隊六〇〇名の壮行会、一九四二（昭和一七）年一月五日、米英撃滅進軍大会が行われている。四一年に竣工された山口県護国神社には大東亜戦争で戦死した軍人・軍属、学徒動員の兵士、看護師など四万一千余柱が祀られている[18]。

（1）日本放送協会編『放送五十年史』日本放送出版協会、一九七七年。

（2）「戦後五〇年　メディアの検証」朝日新聞一九九五年二月二五日付。
（3）読売新聞西部版夕刊一九九一年一二月七日付。
（4）現在、実物は「曲玉」が皇居に、「剣」が（熱田神宮）に、「鏡」が（伊勢神宮）にあり、皇居には「剣」と「鏡」の形代があるという。
（5）この絵は鈴木貫太郎記念館（千葉県野田市）に展示されている。
（6）「小倉庫次侍従日記」『文藝春秋』二〇〇七年四月特別号。
（7）同前。
（8）松浦総三『天皇裕仁と東京大空襲』大月書店、一九九四年。
（9）加藤英明『天皇家の戦い』新潮社、一九七五年。
（10）『徳川義寛終戦日記』朝日新聞社、一九九九年、昭和二〇年八月八日の項。
（11）前掲「小倉庫次侍従日記」。
（12）ＮＨＫ放送文化研究所『放送研究と調査』一九九五年八月。
（13）日本放送協会編『20世紀放送史〈上〉』ＮＨＫ出版、二〇〇一年。
（14）藤原彰・粟屋憲太郎・吉田裕『昭和20年／１９４５年―最新資料をもとに徹底検証する』小学館、一九九五年。
（15）『米軍資料　原爆投下の経緯ウェンドーヴァーから広島・長崎まで』東方出版、一九九六年。
（16）尾嶋義之『志村正順のラジオ・デイズ』洋泉社、一九九八年。
（17）ＮＨＫ山口放送局編『ＮＨＫ記者の見た山口県この10年の記録』白藤書店、一九八〇年。
（18）山口県護国神社ホームページ。

第3章

政府の監視下で始まった放送

一　関東大震災後　放送局誕生

1　国家的事業としての放送

「JOAK、JOAK、こちらは東京放送局であります。」

一九二五（大正一四）年三月二二日午前九時三〇分、NHKの前身、東京放送局の芝浦仮放送所から日本で初めてのラジオ放送が開始された。JOAKはコールサイン。約四ヶ月後、放送局は愛宕山(1)に移った。ラジオ放送開始の趣旨について、後藤新平放送局総裁は開局記念式典のあいさつで次の四つの柱を挙げた。

◇放送の四つの柱（要旨）

① 文化の機会均等：都会や地方、老幼男女、各階級の区別なくして、電波の恩恵を均等に提供する

② 家庭生活の革新：慰安や娯楽は、これまで家の外に求めていたが、ラジオを囲んで一家団欒の楽しみを味わうことができる

③ 教育の社会化：眼ではなく耳から学術知識を国民に注入することは、これまでの教育機関に一

大進歩を与え、その効果は限られた講堂での教育の及ぶところではない

④　経済機能の敏活化：海外の経済事情は勿論、株式、生糸、米穀など重要な商品の取引市況が速く関係者に報道されることによって経済取引が活発になる

当日は開局記念式典の放送のあと、午前一一時半から新聞社提供のニュースが放送された。番組表を見ると、「新日本音楽演奏」「ソプラノ独唱」「常盤津」「歌劇重唱」とエンターテインメント中心で、ニュースは三回（三九分、ただし原稿は残っていない）、初めての天気予報一回（五分）だった。

この日放送を聞いたのは、未届けを含めると国内で八〇〇〇件と推定されているが、正式に契約したのは三五〇〇件だった。聴取料は一円だった。大きなラッパ型のスピーカーを付けた受信機はまだ少なく、多くの人々は家庭で鉱石式ラジオに耳をつけて聞いた。一九二三（大正一二）年九月一日の関東大震災で一〇万五千人余の死者・不明者が出て以来、国民にとって待望のラジオ放送だった。

世界のラジオ放送はアメリカのＫＤＫＡ（一九二〇年）が最初で、イギリス、モスクワ（ともに一九二二年）と続いている。

日本では東京の後、大阪、名古屋でも放送局が開局。翌一九二六（大正一五）年六月、三局が合同して社団法人日本放送協会が誕生した。その設立総会で、安達謙蔵逓信相は「放送事業は国家的事業と申してよく、その事業はほとんど国務に準ずる」と述べた。

放送網が全国的に完成したのはそれから二年後の一九二八（昭和三）年だったが、安達逓信相の言葉のとおりラジオ放送は初めから国家の厳しい監視の下に置かれた「国策放送」だった。当時の日本は、昭和恐慌による深刻な不況のもとで労働者のストライキや農民の小作争議が続発していた。また、ロシア革命（一九一七年）や関東大震災後、相次いで結成された無産政党の活動が活発になり、これを取り締まるために放送開始の三日前に言論・思想に関わる治安維持法が成立していた。

2　放送禁止事項をもとに検閲

放送の場合は、放送が始まって二ヶ月後に逓信省電務局長から通達された次のような「放送禁止事項」と逓信局長の「指示追加」に基づいて検閲が行われた。これは新聞・雑誌を対象にした「出版法」「新聞紙法」を基準に作られたという。

◇放送禁止事項（一九二五年五月二二日）

・安寧秩序を害し、風俗を乱すもの
・外交または軍事の機密に関する事項
・官公署の秘密、議会の秘密会の議事
・治安、風俗上悪影響をおよぼすとみられる事項
・逓信局長が放送を禁止した事項

◇**逓信局長指示追加**（一九二五年一二月一八日）

・放送中止命令を出した場合はすぐ電源を遮断する
・とくに政治に関する講演・意見放送は禁止
・極端な主義を持つもの
・過激思想を抱くもの
・発言の不正なもの

これによって、娯楽番組も検閲の対象になった。新聞、雑誌、映画の検閲は「事後」でよかったのに放送は即時性があるので「事前」検閲の対象となり、番組プログラムをはじめ、出演者の名前・経歴などを放送局所在地の逓信局長に放送前日までに届け出ることが義務付けられた。

検閲は「浪花節・落語＝艶めいた語句は禁止、削除」「清元・長唄＝歌詞の書き換え」「劇場中継現場＝逓信局係官の監視付き」といった厳しさで、ニュースも放送一時間前にどんな内容かを提出しなければならなかった。

二「挙って国防、揃ってラヂオ」

1 ラジオを普及させた戦争

図の「ラジオの年度別全国受信契約数」をみると、ラジオ放送が始まった年の年度末（一九二五〈大正一四〉年三月三一日）の受信契約数は五四五五件だったが、一九四一（昭和一六）年の太平洋戦争開始の時点では六六二万四三二六件に達した。この増加数を五〇万件ないし一〇〇万件単位でその間の戦争との関連を主な出来事に絞ってたどってみた。

まず五〇万件を超えたのは一九二八（昭和三）年九月だった。このころは、日本軍が山東省済南で国民政府軍と衝突したり、関東軍の河本大作らによる張作霖爆殺事件が起きたりした。

一〇〇万件を超えたのは一九三二（昭和七）年二月だった。このころは、満洲事変で満州へ軍隊を増派したり、上海事変で日本軍が中国軍と交戦を始め、関東軍がハルビンを占領したりした。

一五〇万件を超えたのは一九三三（昭和八）年六月で、このころは、満州国建国宣言のほか、日本軍が山海関で中国軍と衝突したり、関東軍が華北へ侵入したりした。これまでは受信件数が一〇〇万件になるのに八五ヶ月要したのに、一〇〇万件から一五〇万件になるのに要したのは一六ヶ月と急速に伸びた。

ラジオを普及させた戦争と受信料

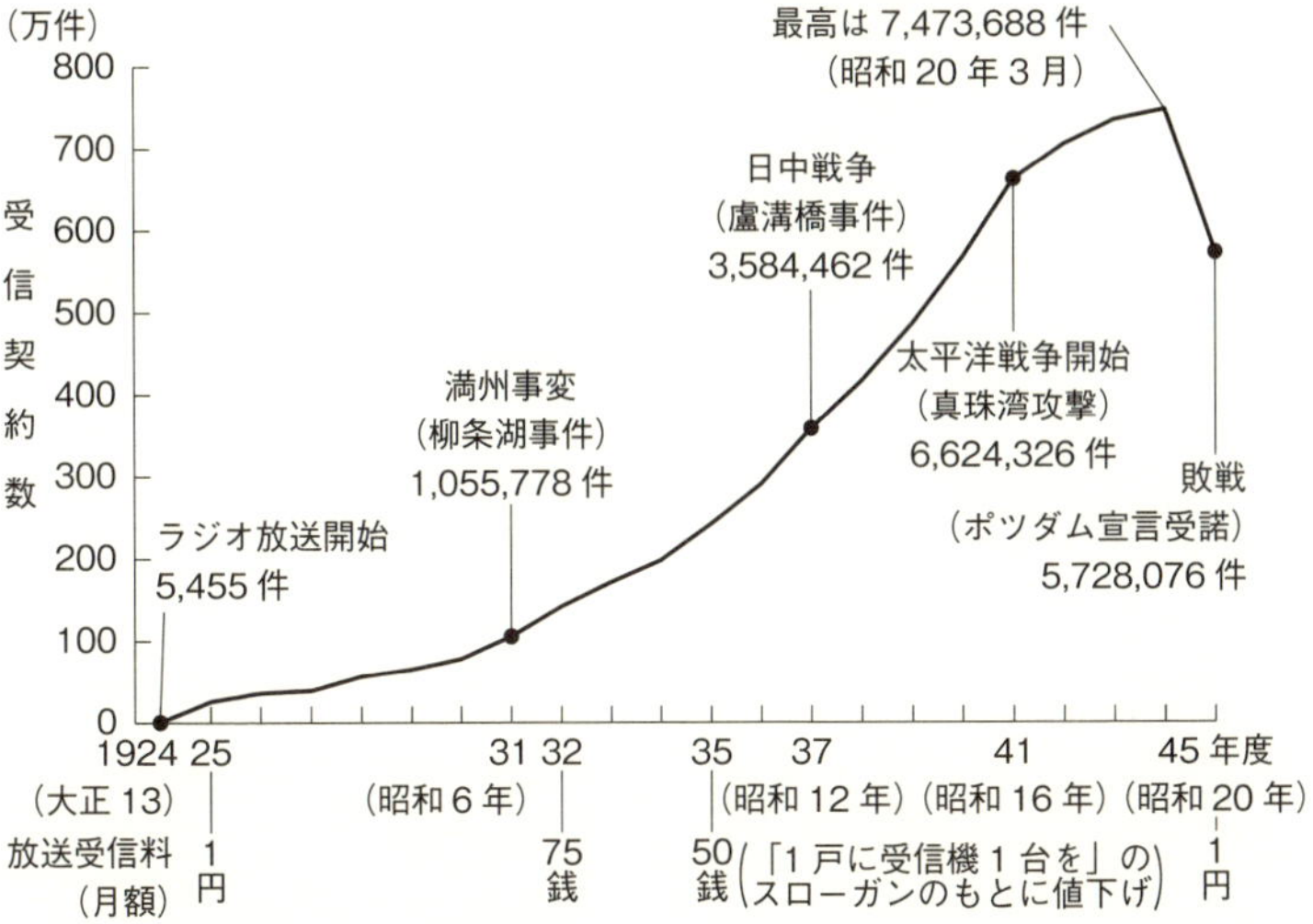

出所：日本放送協会編『日本放送史〈上〉』より。

二〇〇万件を超えたのは一九三五（昭和一〇）年四月で、このころは、満州国帝政実施で中国が内政干渉許さずと態度表明したり、近畿防空大演習を開始したりした。

二五〇万件を超えたのは一九三六（昭和一一）年五月で、このころは、中国共産党が抗日救国統一戦線を提唱したり、陸軍青年将校のクーデター（二・二六事件）があったりした。

三〇〇万件を超えたのは一九三七（昭和一二）年五月で、このころは、帝国在郷軍人会発足や蔣介石が張学良らに監禁された西安事件があった。受信件数が二五〇万件から三〇〇万件になるのに要したのは一二ヶ月に短縮した。

三五〇万件を超えたのは一九三八（昭和一三）年二月で、このころは、日中戦争の発端となった盧溝橋事件（一九三七年七月）の後で、上海では日中両軍が戦闘開始し、日本軍が南京占領、大虐殺事件を起こした。中華民国臨時政府が成立し、一方、国民精神総動員が実施され、出征兵士に送る千人針、慰問袋が全国に広まった。

四〇〇万件を超えたのは一九三九（昭和一四）年一月で、このころは、日本軍が徐州、武漢三鎮を占領した後で、従軍作家、陸軍部隊が漢口に出発したり国民精神作興運動の週間が始まったりした。

四五〇万件を超えたのは同三九年一〇月で、このころ、兵役期間が延長されたり各地の招魂社が護国神社に改称されたりした。満州ではこの夏、日ソ両軍による国境紛争＝ノモンハン事件が起こり、九月には第二次世界大戦が始まる。満蒙開拓青少年義勇軍二五〇〇人の壮行会、国民徴用令公布、東京市が隣組回覧板一〇万枚配布。

五〇〇〇万件を超えたのは一九四〇（昭和一五）年五月で、このころ、朝鮮総督府が日本式に創氏改名を強制する。受信件数が四五〇〇万件から五〇〇〇万件になるのに要したのは七ヶ月だった。

五五〇〇万件を超えたのは一九四一（昭和一六）年二月で、このころは、閣議で基本国策要項（大東亜新秩序、国防国家の建設方針）を決定。日本軍、北部仏印に進駐。日独伊三国同盟調印。前年一一月式典はじめ紀元二六〇〇年祝賀行事があった。

六〇〇〇万件を超えたのは同四一（昭和一六）年八月で、このころは、日米交渉開始や米国が対日石油輸出を全面禁止したり、日本軍が南部仏印に進駐したりした。受信件数が五五〇〇万件から六〇〇〇万件になるのに要したのは六ヶ月で、最も短かった。

正力社長の肝いりで「よみうりラヂオ版」大当たり

ラジオ放送開始から8ヶ月後の1925（大正14）年11月15日、読売新聞社は「よみうりラヂオ版」第1号を発行。それまでは「今日の放送」という番組の時刻表紹介だけのベタ記事だったのが、2頁建てで、用紙は桃色。内容は当日の東京、大阪のラジオプログラム、放送される歌、邦楽、ドラマなどの歌詞や筋立て、せりふが詳しく紹介されている。直前に出た「社告」には、「新聞使命に猛精進する　二頁増大ラディオ版の特設　新文化の先陣に立つ本社の社会奉仕　一五日より本紙十頁」という大見出しが出ている（このころは「ラヂオ」「ラディオ」「ラジオ」が混在）。放送局はこれを全面的にバックアップし、毎日の監修を受け持ったという。

この「よみうりラヂオ版」、警察出身の正力松太郎が社長就任後まもなく発案し、社内の反対を押し切って実現させただけに、「本紙ラヂオ版のために婦人記者募集す」と広告を出すほどの力の入れようだった。その甲斐あって、「よみうりラヂオ版」は大当たりし、『読売新聞百年史』によれば、「ラジオ版の成功は経営の安定化に貢献しただけでなく、その後の驚異の快進撃の幕開けの役割を果たした」と書いている。読売は大失敗するとみていた新聞各社は驚き、半年後には都新聞がラジオ版を始め、朝日、毎日も1931（昭和6）年5月、ラジオ版、ラジオ欄を設けた。

この後、一九四一（昭和一六）年一〇月に東條英機内閣が成立し、御前会議で対米英蘭開戦を決定した。真珠湾奇襲攻撃やマレー沖海戦で本格的に戦争に突入し、さらに、日本軍がシンガポール、ラングーン、バターン半島を占領し、受信件数は六五〇万件、七〇〇万件、七五〇万件と増えた。しかし、日本軍が連戦連勝したのはここまでで、米軍機の本土空襲や日本軍が空母四隻を失ったミッドウェー海戦後は、戦局が米軍側に有利に展開し、米軍のガダルカナル島上陸で、日本軍は撤退を余儀なくされるなど負け戦が続き、敗戦を迎える。(2)

2　一戸に受信機一台を

「……この頃は、新聞より早いニュースがきけるかと思ってかならず（ラジオの）スイッチを入れる。それに戦死傷者の中に知人がゐ《(ママ)》ないかと耳をすますようになった」。

これは日中戦争勃発から二ヶ月後、一九三七（昭和一二）年九月一五日付朝日新聞に載った「裸の大将」で知られる画家山下清の先生、式場隆三郎国府台病院長の話である。

同三七年七月の盧溝橋事件に端を発した日中戦争の拡大で、出征兵士は華北三七万、上海一九万の計五六万人にのぼり、銃後では留守家族から「戦況ニュースを詳しく放送してほしい」「肉親の声を聞きたい」という希望が放送局へ殺到した。

同年一一月に日本放送協会と逓信省が共同で行った「放送種目別聴取率調査」によると、上位七種目中、聴取率七五％以上は四つまでが夜の時間のニュースやニュース解説で、浪花節五位、昼のニュース六位、ラジオドラマ七位だった。

日本放送協会が新規受信加入者を対象とした「受信機普及状況調査」（一九三八年一二月）を見ると、「加入の動機」は、一位「ニュースを早く聞くため」一八・一％、二位「時局認識を深めるため」一二・七％、三位「慰安娯楽のため」七％だった。市町村別にみると「時局認識を深めるため」と答えた人は「村」が一番多く、戦争の影が農山漁村に押し寄せていたことがわかる。

こうしたなかで、ラジオの受信申し込み件数が一ヶ月で六万件、七万件と過去最高の伸びをみせた月もあった。しかし、盧溝橋事件から半年もたつと伸びが鈍り始め、一九三八（昭和一三）年五月に六万件、六月に四万件、七月に三万件、八月に二万件と大きく減少した。主な理由は、物価統制によるラジオ受信機そのものの品不足や価格の値上がり、真空管などの部品の不足によって、受信契約を取りやめる人が急増したためだった。

これに対して、日本放送協会は、政府の協力を得て同年の一二月から三ヶ月間、「一戸一受信機」を目標にラジオ普及運動を全国的に展開した。この運動では、戦時下でラジオの重要性をアピールする標語の入ったポスター「挙って国防　揃ってラヂオ」[3]が全国の自治体や公共施設にはり出された。ポスターには、陸軍、海軍、内務、逓信の四省の名が連ねてあり、警視総監、各府県知事、道長官に協力を求め、貼り出したという。この標語は同三八年九月に一般から懸賞募集し、六万通の応募作品から選ばれたもので、作者は壱岐喜久代（鳥取県）だった。ポスターは絵はがきにもなって全国に配布された。また、運動期間中は毎月一週間の「特集演芸週間」を設け、長唄、落語、歌謡曲、浪曲、舞台中継などの慰安番組を放送した。

さらに、逓信省は「聴取者が受信機設置許可出願の際に逓信省に納めていた許可料を一円から五〇銭に引き下げるとともに、これを放送協会が代わって負担すること」を決めた。その一方で、ラジオ商と電力供給会社に受信機の特別大売り出しの実施を働きかけている。逓信省が電力会社に送った書簡には「一〇〇戸当たり二八に過ぎざる状態にして『一戸一受信機』の理想に及ばざる所尚甚だ遠く……」と書かれており、電力会社では聴取料の自社負担や取り付け工事費の割引その他の特典を付け、売り出しに協力したという。

この結果、一九四〇（昭和一五）年五月、ラジオの受信件数は五〇〇万件を超えた。これは総数ではアメリカ、ドイツ、イギリス、フランスに次いで五位、普及率では世界二〇位だったという。これについて、大和田悌二逓信次官は「新東亜建設と聴取者五百万の意義」と題する放送番組で、「一世帯六人平均として三千万人、内地人口七千万として約四割以上の国民が、ラジオを中心として直接強く結ばれるのでありまして……国内戦時体制の確立再編成に、絶対必須とする大切な機関が先ず備わったに近いものとして……」と話している。

戦前の受信件数の最高は一九四五（昭和二〇）年三月の七四七万件で、普及率は五〇％まで増えたが、これは米軍機B29による連日の本土空襲で「爆音による敵機の聞き分け方」の放送が実施されるに至ってラジオが国民の命を守るのに欠かせない存在になったことを示している。敗戦時の受信件数は空襲によって受信機が焼かれるなどして五七二万件へと大幅に減っている。

3 愛宕山から内幸町へ移転

日本放送協会は一九三九（昭和一四）年五月一三日、現在のＪＲ新橋駅近い内幸町の放送会館に移転した。放送開始から一四年間過ごした愛宕山の建物はスタジオが三つしかなく手狭になったのと山の上で風水害に襲われることが多く、放送に支障が出るようになっていた。

新しい放送会館は鉄筋コンクリート造り地下一階、地上六階、屋階三階で、スタジオは一六あり、正面玄関入口上の壁面に「放送会館」の文字が横に刻まれていた。ここでは全国の職員四九〇〇人余のうち約一五〇〇人が仕事をしていた。

このころ、中国大陸では戦線がさらに南部に広がり、満州では日ソ両軍による国境紛争＝ノモンハン事件が起こり、海外向けの放送がここから盛んに行われた。終戦直前、ポツダム宣言受諾に反対する陸軍青年将校が一時占拠したのも昭和天皇の「玉音放送」が放送されたのもこの放送会館からだった。

敗戦後、ＧＨＱに接収され「放送会館」の文字の隣に進駐軍放送のコールサインＷＶＴＲの四文字が並んだ時期を経て、東京五輪を機に、渋谷区神南に三度目の移転をした。ＮＨＫという呼称は日本放送協会の頭文字で、一九四六〈昭和二一〉年三月四日から使われるようになった。くわしくは第4章四の3で触れている。

愛宕山の放送局の跡地には逓信省が外国情報受信施設を作り、一九四五年五月二六日の東京空襲で被害を受けるまで業務を行った。一九五六〈昭和三一〉年、そこにNHK放送博物館が開館。

三 戦時体制下のラジオ放送

1 ラジオの全機能を動員——満州事変

日露戦争の後、満鉄の前身の南満州鉄道設立（一九〇六〈明治三九〉年）、張作霖爆殺事件（一九二八〈昭和三〉年）、満州事変（一九三一〈昭和六〉年）、満州国建国（一九三二〈昭和七〉年）と続く。日本放送協会は、満州事変勃発以来、「ラジオの全機能を動員して、生命線満蒙の認識を徹底させ、外には正義に立つ日本の国策を明示し、内には国民の覚悟と奮起とを促して、世論の方向を指示するに務める」ことを編成方針とした。

一九三六〈昭和一一〉年に発足した広田弘毅内閣は「二〇か年一〇〇万戸五〇〇万人満州移住計画」を策定した。中村政則一橋大学名誉教授は、満州移民事業を推進した中心人物として石原莞爾、東宮鉄男などの関東軍将校と農本主義者加藤完治をあげている。石原は対米戦に備えて満州を占領してソ連の侵攻を封じ込める必要があること、東宮はコサック兵のような武装農民を編成してソ満国境に対ソ防衛の前進基地を築くことを考えていたとみる。また、耕作面積の広いデンマークやアメリカの農業を学んだ加藤は、窮乏した日本の農村を救う手段として、小作農家の次三男を満州に移民させる推進役を果たしたとみている。(4)

満州でラジオの実験放送が始まったのは大連(日露戦争後に日本の租借地となった関東州の一角)で、一九二五(大正一四)年八月だった。満州事変が起こると、日本軍は、張学良の東三省政府が運営していた奉天(現在の瀋陽)、ハルビンの二つの放送局を押え、軍事宣伝放送、内地向けの放送を実施した。満州国建国式典(一九三二年三月九日)のもようは短波で満州から日本に伝えられた。翌三三(昭和八)年四月、満州国の首都新京(長春)にキー局として新京放送局が開局し、ハルビン放送局ではロシア語放送も実施した。

満州事変が起こって初めて迎えた一九三二(昭和七)年の元日は、奉天放送局から関東軍司令官本庄繁中将の「年頭の辞」が全国に中継放送され、東京中央放送局からは陸軍大臣荒木貞夫中将のあいさつを放送した。さらに、国防献金による陸軍機「愛国号」、海軍機「報国号」の献納式を実況放送した。こうしてラジオは戦時色一色になり、また新聞も〝非常時〟という活字が目立つようになった。

2 長野放送局と満州開拓団

満州事変の起こる半年前に開局した長野放送局は、農山漁村向けのローカル放送局として、戦争を遂行するのに重要な役割を担うことになった。長野県が、一九三二（昭和七）年三月、拓務省（植民地統治・移植民に関する行政を司った。一九二九年創設、四二年大東亜省に編入）の要請を受け入れ、今後一〇年間に四〇〇〇家族、二万人の満州移民を実現する計画を立てていたからだ。

当時の長野県の養蚕戸数は約六万戸で、農業戸数全体の七八％を超えていた。昭和恐慌で養蚕だけでは生活できなくなったところへ、「満州に行けば二〇町歩の土地がもらえる」という満蒙開拓の話が飛び込んできたのだ。「行け満州へ、拓け満州を」という言葉がラジオで繰り返し放送された。

長野放送局の主な番組をあげると次のとおり。

・「満州愛国信濃村」について
信濃海外協会永田稠理事が講演放送（一九三二年六月二五日）

・「青年学校講座」講座のテーマは「満州移民」「日本精神」など
長野県、信濃教育会、長野局共催で五九回放送（一九三六年一二月〜三七年二月）

・特別番組「満蒙開拓青少年義勇軍壮行会―長野市城山小学校」
実況録音入りで放送（一九三九年六月一九日）

・ラジオ小説『大日向村』放送
長野県の満蒙移民村をテーマにした和田伝原作の小説『大日向村』を森雅之らの出演で全国向けラジオ放送（一九三九年九月四日）

しかし、終戦直前の八月九日、満州がソ連軍の侵攻を受けると、満州の放送は幕を閉じた。新京放送局の放送員（アナウンサー）だった俳優の森繁久彌は「……八月二五日ころまで一週間ほどは、ソ連軍も管理に手がまわらなかったのか、放送はあい変わらず我ら日本人の手に依って波を出して、全満の同胞に、できるだけ詳しく現在の新京の状況を伝え、落ち着いてしっかり手を組み合って生きて行ってほしいと訴えた。……」(5)と書き残している。

3 「兵に告ぐ」——二・二六事件

都会は満州事変による軍需景気で昭和恐慌からの立ち直りを見せていた。しかし、それとは対照的に農業中心の東北六県は不作が続き、一九三四（昭和九）年は大凶作に見舞われた。岩手県は兵役検査の甲種合格率が全国でも一、二位を争うほどだったのに、大凶作の数年前から著しく下がった。『帝国』の威力がここでも蝕まれ、軍部を刺激(6)」する事態となり、「昭和維新」をめざす陸軍青年将校のクーデター事件、二・二六事件に発展する。

二・二六事件が起こったのは、一九三六（昭和一一）年二月二六日午前五時ごろだった。「昭和維新」をめざす陸軍の一部青年将校が一四〇〇人の兵をひきいて、首相官邸や重臣の私邸を襲撃し、斎藤実内相、高橋是清蔵相、渡辺錠太郎陸軍教育総監を殺害した。さらに朝日新聞などを襲撃したあと、国会議事堂、首相官邸、赤坂山王ホテル、警視庁一帯を占拠した。

当初、彼らの行動に理解を示す陸軍大臣告示が出たが、その後首都に「戒厳令」がしかれ、彼らは一転して「反乱部隊」に変わり、二万四〇〇〇人の正規軍に包囲された。

四日目の二月二九日、青年将校らは逮捕され、下士官・兵士は原隊に復帰した。三月四日、東京陸軍軍法会議が開設された。一審のみ、上告なし、非公開、弁護人なしという裁判だった。七月五日、一七人に死刑判決。七月一二日、代々木の陸軍刑務所内で一五人が銃殺刑となる。

『日本改造法案大綱』(一九一九年)の著者北一輝は叛乱を指導した「首魁」として、西田税とともに翌一九三七年八月一四日、死刑判決。八月一九日死刑執行。北は五四歳、西田は三六歳だった。やはり「首魁」として死刑判決を受けた残りの二人の元将校も同じ八月一九日、死刑執行された。

「皇道派」で、クーデター成功後首相に目されていた真崎甚三郎陸軍大将は翌年九月、軍法会議で無罪になった。

二・二六事件のクーデターは失敗に終わったものの、当時の東京市民(六〇〇万人)に事件の第一報が知らされたのは、発生から一五時間余り後だった。それまで逓信省から放送を禁止されていたのだ。新聞もまた夕刊(襲撃された朝日は発行できなかった)は各紙とも一行もふれていない。

ラジオは二・二六事件発生から事態収拾までの四日間、定時番組を一部取り止めて定時ニュースと臨時ニュースを合わせて五一回放送した。反乱部隊の原隊復帰を呼びかける香椎浩平戒厳司令官の「兵に告ぐ」を放送したのは中村茂アナウンサーで、これを聞いた国民は〝皆泣いた〟という。この放送は戒厳司令部(東京九段の軍人会館)の臨時放送室から行われた。放送が軍部の完全な支配下にあったことを物語っている。

では、この事件をラジオはどのように伝えたのか、四日間の動きを時系列でたどってみる。(7)

◇二月二六日（臨時ニュース六回）

〈一二時四〇分　臨時ニュース〉七時間余経っても事件内容についての報道はない。しかし、初めて事件の伏線となる次のようなニュースを報道している。

「東京・大阪両株式取引所は臨時休止となりました。日本銀行、三井、三菱その他の東京市内の各銀行は平常通り営業を行っております。なお、東京手形交換所も本日臨時休業を発表しました。」

〈一九時〇〇分　定時ニュース〉この時点でもまだ以下のような内容で、事件の詳細についての報道はない。

「①本日午後三時、第一師管下戦時警備を下令せられる。

②戦時警備の目的は兵力を以って重要物件を警備し、併せて一般の治安を維持するにあり。

③目下治安は維持せられあるを以って、一般市民は安堵してそれぞれその業に従事せらるべし。」

〈二〇時三五分　臨時ニュース〉ここで初めて事件の第一報が陸軍省発表として伝えられる。

「本日午前五時ごろ一部青年将校等は左記個所を襲撃せり。

首相官邸（岡田首相即死）

齋藤内大臣私邸（内大臣即死）

渡辺教育総監私邸（教育総監即死）
牧野前内大臣宿舎湯河原伊藤屋旅館（牧野伯爵不明）
鈴木侍従長官邸（侍従長重症）
高橋大蔵大臣私邸（大蔵大臣負傷）
東京朝日新聞社
これら将校等の決起する目的は、その趣意書によれば、内外重大危急のさい、元老、重臣、財閥、軍閥、官僚、政党などの国体破壊の元凶を芟《さん》除し以って大義を正し、国体を擁護開顕せんとするにあり、右に関し在京部隊に非常警備の処置を講ぜしめられたり。」
〈二一時三〇分　定時ニュース〉内務省発表「帝都および全国各地の治安は維持されている」
◇二月二七日（臨時ニュース三回）
〈〇時〇〇分　定時ニュース〉

内務省発表「帝都および全国各地の治安は維持されている」と繰り返す。

〈六時三〇分、七時五〇分、八時三〇分に臨時ニュース〉

東京警備司令官香椎中将が戒厳司令官となり、九段の軍人会館に戒厳司令部が置かれた。放送で「午前二時五〇分、帝都に戒厳令が布告された。」と伝える。

〈一六時〇〇分　定時ニュース〉

「重態の高橋蔵相死亡」と伝える。

〈二一時三〇分　定時ニュース〉
戒厳司令部発表「種々流言が行われているが、帝都の治安は確実に維持されている。」
◇二月二八日（臨時ニュース三回）
午前五時〇八分、天皇が直接命令を下す「奉勅命令」が戒厳司令部に下った。内容は反乱軍兵士に対して速やかに原隊復帰を促すものであり、これにそむく者は逆賊とみなすというものだった。

昼前、九段の戒厳司令部にマイクロホンがセットされ、「戒厳司令部発表の放送は以後すべて戒厳司令部の臨時放送室から出すように」命じられた。

〈二一時五二分　臨時ニュース〉

「戒厳司令部発表第三号
1．一昨二六日早朝騒擾を起こしたる数百名の部隊は目下麹町区永田町付近に位置しあるも、これに対しては戒厳司令部において適応の措置を講じつつあり
2．前項部隊以外の戒厳令司令官隷下の軍隊は、陛下の大命を奉じて行動しつつありて軍紀厳正志気また旺盛なり
3．東京市内の麹町の永田町付近の一小部分以外は平静なり。またその他の全国各地はなんらの変化なく平穏なり。」
〈二三時〇〇分　臨時ニュース〉
戒厳司令官が討伐命令を出す。

「反乱部隊ハ遂ニ大命ニ服セズ、依ッテ断乎武力ヲ以ッテ当面ノ治安ヲ恢復セントス」
◇二月二九日（臨時ニュース二三回）
〈六時三〇分　臨時ニュース〉

「戒厳司令部発表第四号
二月二六日朝決起せる部隊に対しては、それぞれその固有の所属に復帰することを、各上官よりあらゆる手段を尽くし、誠意を持って再三再四説諭したるも、彼らは遂にこれを聴き入るにいたらず、……事已にここに至る、遂にやむなく武力を以って、事態の強行解決を図るに決せり。右に関し、不幸兵火を交ゆる場合においても、その範囲は麴町区永田町付近の一小地域に限定せらるるべきを以って、一般民衆はいたずらに流言蜚語に迷わさるることなく、つとめてその居所に安定せんことを希望す。」

〈七時二五分　臨時ニュース〉

「（危険区域の住民は）全部直ちに避難してください。」

〈八時四八分　臨時ニュース（東京ローカル放送）〉

「兵に告ぐ」を放送。

「兵に告ぐ　勅命が発せられたのである。既に、天皇陛下の御命令が発せられたのである。お前達は上官の命令を正しいものと信じて絶対服従して誠心誠意活動してきたのであらうが、既に、天皇陛下の御命令によって、お前達は皆原隊に復帰せよと仰せられたのである。

此上お前達が飽く迄も抵抗したならば、それは勅命に反抗することになり逆賊とならなければならない。

正しいことをしてゐると信じていたのに、それが間違ってゐたと知ったならば、徒らに今迄のゆきがかりや義理上から、何時までも反抗的態度をとって、天皇陛下に叛き奉り、逆賊としての汚名を永久に受ける様なことがあってはならない。

今からでも決して遅くはないから、直ちに抵抗をやめて軍旗の下に復帰する様にせよ。そうしたら今までの罪も許されるのである。

お前達の父兄は勿論のこと、国民全体も、それを心から祈ってゐるのである。速かに現在の位置を棄てて帰って来い。

戒厳司令官 香椎中将」

〈九時五五分　臨時ニュース〉

「兵士たちは将校の命令のまま出て行った者が大部分で、彼らを叛徒とみることはまことに忍びえないものがある。……昨夜から今払暁にかけ下士官以下約一〇〇名の帰順者があった。今日は九時ごろから赤坂付近において続々帰順をみている。」

〈一一時〇〇分　臨時ニュース〉

「(「兵に告ぐ」を復唱した後)……この布告は、放送と同時に日本放送協会よりもラウドスピーカーなどを提供し、帰順を勧告するなどして、知らず知らずのうちに勅命に抗するようになった気の毒な兵士を一人でも多く救うため、万全の手段を講じた。」

〈一一時三〇分　臨時ニュース〉

「首相官邸および山王ホテルにある極小部隊を除きほとんどの反乱軍は大なる抵抗をなさず、帰順した。」

〈一五時〇〇分　臨時ニュース〉

「反乱部隊は午後二時ごろをもってその全部の帰順を終わり、ここに全く鎮定を見るに至れり。」

この後、一七時四〇分の臨時ニュースで、当初、即死と報じられた岡田啓介首相が生存していたことを明らかにし、一九時〇〇分の定時ニュースで戒厳司令部からの放送は終了した。

どこの国でもクーデターが起きるとまずメディアが狙われるが、二・二六事件では放送局は無事だった。しかし、調べてみると、そうした動きがまったくなかったわけではないことがわかった。二八日夜、反乱軍が立てこもる山王ホテルで取材した放送局員のメモによると、「反乱軍中、将校並びに下士官は街頭宣伝の挙に出て……演説中〈放送局攻撃〉に及ぶや聴衆中より〈放送局を占領してこの演説を放送せしめよ〉と呼び群衆悉く之に和して喚声をあげ……」と報告している。

二九日未明になると、東京放送局のあった愛宕山の近くで「銃声が聞こえた」とか「白たすきを十字にかけた将校が拳銃を向けながら自動車で通過した」といった情報が相次ぎ、正規軍一〇七人が派遣され、襲撃に備える態勢を整えている。

八月一五日の敗戦の日には、徹底抗戦派の青年将校が内幸町放送会館を一時占拠したが、二・二六事件でも「放送局攻撃」の動きがあったのは事実のようだ。

二・二六事件では、行動を起こした将校・下士官・兵士たちが「地区警備隊」から「反乱軍」になぜ変わったのかなどいまでも謎が多い。公の「裁判記録」は空襲で焼失したとされ、事件勃発の日の「陸軍大臣告示」がどのような経緯で出たのかまだ解明されていない（この項の四日間の動きは、日本放送協会編『20世紀放送史〈上〉』から引用）。

4　「臨時ニュース」差し止め――日中戦争

「七日夜半、北平《ペーピン》（＝いまの北京）郊外盧溝橋で、演習中の日本軍が中国軍から不法射撃を受け交戦、これを撃退」

これは一九三七（昭和一二）年七月八日午前一〇時すぎ、同盟通信天津支局から日本放送協会報道部へ入った盧溝橋事件の第一報である。放送局側は満州事変の時に「臨時ニュース」を出した経験から、直ちに「臨時ニュース」を出そうとしたところ、監督官庁の逓信省から差し止められた。「事件不拡大、現地解決」という政府の方針が理由だった。結局、一二時四〇分からの「定時ニュース」を待って二時間四〇分遅れで放送した。

ところが、その後になると、政府は陸軍の圧力で二個師団の「北支派兵」を決定。近衛文麿首相は新聞・放送の代表に挙国一致の協力を求めた。その結果、七月一一日は六回も臨時ニュースを放送するにいたった。七月中の全国中継ニュース一八四四件のうち、七〇%がこの関連のニュースだった[8]。

盧溝橋事件とは、日本軍が敵方と味方に分かれて演習中、敵方が演習中止を知らせる伝令に誤って空砲を発射したところ、中国軍が呼応して発砲したのが発端だと知られている。しかも、この騒ぎで「日本兵一人が行方不明」の報告（実は初年兵が道に迷い、三時間後戻った）がなされ、中国軍にら致されたと早合点した関東軍は「不法射撃」と強硬に主張、緊張が高まった。日本軍は、派兵による一撃で決着をめざしたが、中国軍は徹底的に抗戦。その後、戦火は上海、南京に飛び、宣戦布告のないまま「支那事変」へと戦争は拡大して、放送への規制は一層厳しくなっていった。

昭和天皇は、「之は支那の方から、仕掛けたとは思わぬ、つまらぬ争いから起こったものと思う[9]」と述べている。

一方、盧溝橋事件を現地で取材した朝日新聞の常安弘通特派員は後に次のように記している。「たなばた様の晩に北支那で第二の柳条湖事件＝満州事変が起きるという謡言が、はるか海を越えた東京三宅坂あたりに、ある程度の迫真力を持って伝えられていたという事実は、ずっとあとになって聞いた[10]」。

戦火の拡大とともに、報道規制が一層厳しくなり、盧溝橋事件の起きた翌八日から八月末までに二三通の通達・通牒（内務省一七、陸・海軍省四、内務・陸・海三省連名二）が出された。ざっと二日に一回の割合で通達が出されたため、番組制作現場では、デスク席に分厚い「放送禁止簿」を備えて、これを参考にしながら番組を作っていたという。少し長くなるが、主な通達の一部を日本放送協会編『放送五十年史』（一一七〜一一八頁）から紹介しておこう。

◇時局ニ関スル記事取扱ニ関スル件（内務省警保局、昭和一二年七月一三日付）

「報道差止事項」

① 戦又ハ反軍的言説ヲ為シ或ハ軍民離間ヲ招来セシムルガ如キ事項

② 我ガ国民ヲ好戦的国民ナリト印象セシムルガ如キ記事或ハ我ガ国ノ対外国策ヲ侵略主義的ナルガ如キ疑惑ヲ生ジセシムル虞アル事項

③ 外国新聞特ニ支那新聞等ノ論調ヲ紹介スルニ当リ殊更ニ我ガ国ヲ誹謗シ又ハ我が国ニ不利ナル記事ヲ転載シ或ハ之等ヲ容認又ハ肯定スルガ如キ言説ヲ為シ延テ一般国民ノ事変ニ対スル判断ヲ誤マラシムル虞アル事項

④ 前各項ノ外時局ニ関シテ徒ニ人心ヲ刺激シ延テ国内治安ヲ攪乱セシムルガ如キ事項

「新聞掲載事項許否制定要領」（陸軍省報道検閲係、昭和一二年七月二八日付）〈要旨〉

① 旗を持った部隊の写真、軍旗に関する記事

② 団長（少将）以上の高級将校の写真

③　数幕僚将校の集合している写真、司令部などの名称
④　殊自動車、例えば装甲自動車、給水自動車その他の記事、写真
⑤　中国兵または中国人逮捕尋問などの記事、写真のうち、虐待の感を与えるおそれあるもの、残虐な写真

これらの結果、たとえば、南京占領時、虐殺された非戦闘員や捕虜の記事や写真は虐待の感じを与えるおそれがあり、残虐だとしてすべて禁止された。また、戦死者・戦傷者の名前は国民の士気にかかわるという理由で、大勢まとめて報道することを禁止した。

放送の内容も大幅に変わる。
①　戦況を伝える朝晩の「ニュース時間」の増強、軍事情勢を中心にした「ニュース解説」の新設
②　アナウンサーによる「前線放送」の実施
③　「国民精神総動員」に基づく特別番組の実施
など戦時色を強めていく。

こうして、ラジオからは軍人の時局講演のほか、「君が代」「海ゆかば」「愛国行進曲」が一日中流れるようになり、放送は戦争を賛美し、戦争遂行に協力していった。番組の編成方針はすべて日本放送

協会あての次の様な通達によって決められていた。

◇**事変ニ伴フ放送取締ニ関スル件**（逓信省、昭和一二年一一月四日）

「日支事変勃発ニ伴ヒ、国民ノ『ラジオ』ニ対スル関心ハ一層熾烈ヲ加ヘ来リ『ニュース』ハ勿論、一般放送内容ノ如何ハ直ニ国民ニ反響スル処大ナルモノ可有之ト存ゼラレ候ニ付テハ将来放送者の人選、放送内容ノ事前検閲等充分留意セラレ、対時局放送上万遺憾ナキヲ期セラレ度」

一九三八（昭和一三）年の徐州（五月）、漢口（一〇月）の陥落では、アナウンサーによる最前線からの放送、いまの「戦場リポート」が初めて行われた。ＮＨＫ放送文化研究所には次のように地名を伏せて放送した当時の録音テープがそのまま残っている。

「祖国日本の皆様。祖国我等が日本の皆様。我々のマイクは現在、非常なる困難と危険を冒して、〇〇戦線に出張中であります。生々しい戦線より徐州陥落の□□、勝利の第一報を□□□ましたことは我々放送人の最高の名誉と光栄を感ずるものであります」（□は録音が不明瞭な部分）。

四　〝放送報国〟――太平洋戦争（大東亜戦争）勃発

1　開戦の日のラジオ

「臨時ニュースを申し上げます。臨時ニュースを申し上げます。大本営陸海軍部午前六時発表、帝国陸海軍部隊は本八日未明、西太平洋において米英軍と戦闘状態に入れり」

一九四一年（昭和一六）年一二月八日午前七時、臨時ニュースのチャイムがなったあと、アナウンサーが上記の大本営発表を二度読み上げ、「きょうは重大なニュースがあるかも知れませんからラジオのスイッチを切らないで下さい」と伝えた。太平洋戦争の開戦のニュースである。

この時、内幸町の放送会館二階にある報道部ニュース課で宿直をしていたのは田中順之助と永井順一郎の二人だった。このうち、田中が開戦の朝の様子を次の様に記している。(11)

「昭和一六年一二月八日　月曜日

一二月七日の夜、横山重遠ニュース課長が『明朝、重大発表があるかも知れないからその態勢をとっておくように』と指示した。当夜の宿直永井君はその年に入社したばかりであったので、私が応援の宿直を買って出た。……翌朝目を覚ますと午前四時少し前である。海外放送のモニタースイッチをひねって聴いていると『山川草木転荒涼、十里風腥新戦場……』、詩吟に続いて『ここで天気予報を申し上げます。西の風　晴れ』と言っているではないか。そのとき気象庁（ママ）との直通電話のベルが鳴って『気象管制になりましたので、きょうから天気予報は送りません』それだけで電話が切れた。またベルが鳴った。陸軍省の報道部からで、「六時に発表があるから人をよこすように」。私は永井君を起こし、すぐ陸軍省に行ってもらうことにした。横山課長に陸軍省の発表、気象管制、発表があり次第臨時ニュースをだすことを伝え宿直をしていた舘野守男アナウンサーにも連絡した。

　七時五分くらい前であっただろうか。また、電話のベルが鳴った。指揮室（ニュースタジオの電話――筆者）の当番をしていた和田信賢アナウンサーからの電話で『たいへんだ、たいへんだ！　すぐ原稿をとってくれ』とあわてた声が聞こえた。早速書き取ったのが開戦の発表文である。永井君の原稿が間違って指揮室へおくられたものだった。書きながら私の手は震えた。すぐ逓信局との直通電話でこれを読み上げ『臨時ニュース』の許可を求めた。許可の出るまでの時間をずいぶん長く感じた。

　やっと『放送ＯＫ』がきたので、原稿をつかんで隣接したスタジオへ飛び込んだときはもう時報のポンポンという音が始まり、舘野アナウンサーの前に原稿を置いたとたん、ポーンと七時を知らせる音がした。間髪を入れず、舘野アナウンサーが臨時ニュースのチャイムを鳴らし『臨時ニュースを申し上げます』という声が私の耳に入った。私はそっとスタジオを出たが、この時になって『戦争だ、たいへんなことだ』という実感がわき、足ががくがくした[12]」。

　開戦が決まったのは一二月一日午後の「御前会議」で、アメリカ、イギリス、オランダに対する開戦を決めて、二日には「ニイタカヤマニノボレ一二〇八」の暗号電報が全軍に打たれている。つまり、

「開戦は一二月八日と決定。予定通り攻撃せよ」という意味で、これを受信したハワイ近海の海軍機動部隊は真珠湾近くに集結し、午前一時四五分（日本時間）奇襲をかけた。一方、陸軍部隊も午前二時一五分（日本時間）マレー半島に強硬上陸した。

この日は開戦のニュースとともに、次から次へと臨時ニュースのチャイムが鳴り、緒戦の日本軍の戦いぶりが終日放送された。時系列でみると、午前一一時三〇分、「軍艦行進曲」の前奏に続いてハワイ奇襲作戦の成功を伝えた。正午には、「君が代」に続いて米英両国に対する「宣戦の詔書」がアナウンサーによって読み上げられ、総理大臣東條英機の談話「大詔を拝し奉りて」が首相官邸から実況中継された。午後〇時一六分には大本営陸海軍部発表として、マレー半島上陸作戦の成功と香港攻撃の開始を伝えた。戦勝ニュースの合間には勇壮な軍歌、行進曲が入り、午後六時、宮本吉夫情報局第二部第三課長（放送担当）の「ラジオの前にお集まりください」が首相官邸から、また午後八時三〇分、防衛総司令部総参謀長小林浅三郎陸軍中将の「全国民に告ぐ」が防衛総司令部からそれぞれ実況中継された。午後九時のニュースでは、米太平洋艦隊の戦艦二隻撃沈、戦艦四隻、大型巡洋艦四隻大破というハワイ空襲の戦果が放送された。

こうしてニュースの回数はそれまでの一日六回から一一回に増え、定時、臨時合計二一回、四時間四〇分に及んだ。大型スピーカーを取り付けた内幸町の放送会館前や街のラジオ店、公園のラジオ塔は大勢の人で埋まり、情報局が「ラジオの前にお集まり下さい」と呼びかけるまでもなく、国民の多くは一日中ラジオの前から離れられなかった、という。皇居二重橋前での街頭録音が放送された記録もある。「この日朝来、宮城二重橋前に於いて皇運の弥栄を祈る赤子の群れは後を絶たず、この日開催された中央協力会議の出席者も二重橋前に於いて宮城を奉拝し、米英撃滅の宣言を為し、万歳を三唱したが、その実況を録音し、その夜のニュースの中に挿入、放送した[13]」。夜は全国一斉に灯火管制に入り、屋外の灯りも消された。

この日からラジオはすべて軍と政府の発表事項を伝達するためのものになり、「戦う放送」のスローガンのもとに、「天気予報」、「気象通報」、「語学放送」が中止となった。放送番組の編成会議は情報局の放送担当官の出席のもとで頻繁に開かれ「放送指導の理論はナチス・ドイツの放送政策をそのまま受け入れたことが特徴だった」という。こうした有事の際のお膳立ては開戦二ヶ月前に、情報局、逓信省、日本放送協会の間で綿密に練られていた。「毎時間のはじめの三〇分間、時計の長針が12のところに来てから6のところに来るまで、東京から全国放送を出す。それには、大本営からの発表、告知などを出来るだけ多く出す[14]」と。開戦の翌日、次のような世論指導の基本方針が新聞、通信、出版の各社に通達された。放送も当然対象に入っている。

1. 今回の戦いは日本の生存と権威のためにやむを得ず立ち上がったこと
2. 戦争は敵方の利己的な世界制覇の野望が発生の真因であること

3．世界新秩序は〝八紘一宇〟の理想に立って〝万邦おのおのそのところ得せしめる〟を目的としていること

こうして戦時放送体制が組まれていった。

『昭和天皇実録』[15]は昭和天皇の開戦の日一日の動きについて六頁余りを割いて記録している。昭和天皇が午前二時五〇分起床して、午前三時に東郷茂徳外相に会うところから午後八時二〇分に永野修身軍令部総長と会い、真珠湾攻撃の成果について報告を受けるまでを細かく記述してある。侍従武官城英一郎は大本営から戦況について刻々変わる情報をとって昭和天皇に報告していた、という。

宣戦の詔書には「……朕茲ニ米国及英国ニ対シテ戦イヲ宣ス朕ガ陸海将兵ハ全力ヲ奮ッテ交戦ニ従事シ朕ガ百僚有司ハ励精職務ヲ奉公シ朕ガ衆庶ハ各々其ノ本分ヲ尽クシ億兆一心国家ノ総力ヲ挙ゲテ征戦ノ目的ヲ達成スルニ遺算ナカラムコトヲ期セヨ……」とある。中ほどに「洵ニ已ムヲ得ザルモノアリ。朕ガ志ナラムヤ」という箇所があり、「天皇の聖旨」により挿入されたと断っている。「国際法の順守」が欠落していることへの弁明と受け止められている。

2 〝放送報国〟の大使命

日本放送協会の小森七郎会長は、この日の朝、「宣戦の大詔を拝し奉りて」と題して、全職員に次の

ように訓示した。

「……戦時下我が放送事業が克く其の使命を完うするか否かは聖戦完遂に影響するところ大なるものがあることは論ずる迄もないのであります。各位はそれぞれ其の持ち場を死守して完全に放送の任務を遂行して戴きたい。各位にとっては其の事が即ち皇国に対し最大の忠誠を致す所以となるのであります。……我々が真に斯業の為に我々の凡てを捧げて報国の誠を尽くすべき秋が今こそ来たのであります。諸君は今日よりいよいよ滅私奉公の大精神に徹して、相共に渾然一体となり放送報国の大使命に全力を挙げて邁進して戴きたいのであります。……」

小森会長は逓信省出身で逓信局長から一九三六（昭和一一）年、二代目の会長に就任している。報国という言葉が氾濫している時代ではあったが、放送の世界も例外ではなかった。

開戦時、放送協会の放送局数は六七局、職員数五九五〇人、放送系統は、開戦により中止した第二放送を除いて、全国放送、海外放送（短波）、東亜中継放送の三系統だった。

真珠湾攻撃から一〇日後の一九四一（昭和一六）年一二月一八日、東京の外務大臣官邸で日独放送協定が結ばれた。すでに協定を結んでいたイタリアと合わせ日独伊三国が放送の世界でも足並みを揃え、軍事同盟とともに一段と緊密の度を加えることになった。

ドイツにヒトラー政権が誕生（一九三三年）したころから、日本放送協会でもドイツの放送事情に関する研究と紹介が盛んになっている。たとえば、そのころ日本放送協会が発行する『調査時報』には、ドイツの宣伝大臣ヨーゼフ・ゲッベルスの「ナチスとラジオの意義」と題する一文が載っている。

「思想統一に最も有力な武器はラジオそのものに他ならぬ。……放送は全国民が之を聴いている。したがって、我々はラジオを通じて、農民にも労働者にもまた一般市民にも呼びかけることができる。……即ち、今日の政治はラジオを必要とし、またラジオは政治を必要とするのである。……」

また、ゲッベルスは「一九世紀は新聞であったが、二〇世紀はラジオである」と公言し、一九三三（昭和八）年八月三〇日、ベルリンで第一〇回放送展を行い、「国民受信機」を初めて展示するなどラジオ受信機の生産販売に力を入れた。

「ゲッペ《ママ》ルスはラジオによる民衆操作の重要性を的確に認識していた。ゲッペルスのラジオのフル生産指示と販売方針により、外国放送は聞けない『国民受信機』が全国二八の工場で作られて、安価な七六マルクで提供された。このラジオの普及成果はナチスの善政と捉えられた[16]」。

「（ラジオ会議所長は）ドイツ放送制度は、……ナチス主義によって創設された単一国家の表現たることは了解される。……この放送は、ナチス党国家の言葉であり、声であった。精神なき組織は全く無意味である。この放送組織を意義あらしめたものは、ナチス主義の精神であり、これこそ現独逸国家の指導精神なのである[17]」。

一九三〇年初頭の全世界のラジオの受信台数は合わせて三七〇〇万台で、このうち各国の普及状況は、アメリカが最も多く一七〇〇万台、次いでイギリスが五二六万台、ソ連は二三八万台なのに対して、ドイツは四三〇万台、日本は朝鮮などを含め一三四万台、イタリアは三〇万台となっている。その後、ドイツは失業者を中心に聴取料免除の枠を大幅に広げ驚異的なスピードで全国にラジオを普及させた。その一方では、全ドイツの放送関係機関を統制する「国家社会主義ラジオ協会」(一九三三年七月三日)を設立し、すべての放送をゲッベルスの管理下においている。日本放送協会ではドイツの放送局の動きを注目し、徹底した検閲制度の下で大本営発表を伝えていった。

3 暗号放送「西の風、晴れ」

開戦の朝、ニュースを担当した田中順之助の手記にあったように、海外放送で詩吟(実は乃木希典陸軍大将の詩吟だった)の放送後、突然、「西の風、晴れ」という天気予報が繰り返し放送された。この時間は海外放送で「天気予報」を放送する予定はなく、後でこれは外務省の暗号放送で「日米開戦す。在外公館はすべての重要機密書類を焼却せよ」という意味だったことがわかった。

外務省は、開戦前の一一月一九日、外交関係断絶の場合を想定して暗号を海外放送でアナウンスするよう日本放送協会に通達し、外務省調査部の樺山資英事務官が原稿を放送会館に持参していた。

① 日米関係が危険になった場合:「東の風、雨」
② 日ソ関係が危険になった場合:「北の風、曇り」
③ 日英関係が危険になった場合:「西の風、晴れ」

暗号は以上の三案だったが、放送した「西の風　晴れ」は上記のように日英関係が危険になった場合の暗号で米国と英国がなぜ違ったのか、いまなお謎のままだ。

この海外放送に携わった放送局員は開戦前日の夕方、情報局に出向中の上司から「明朝、重大発表があるから英語の出来るアナウンサーを待機させるように」という電話を受けた。待機していると、上司から「西の風　晴れ」という言葉を放送せよと指示され、一回目は一二月八日午前〇時から午前三時半ごろまでに西南アジア向けに放送したが、二回目は覚えていない、と話している[18]。

この暗号は放送直後に米海軍に解読されていた。それが日本側で公に確認されたのは二〇一三（平成二五）年三月七日、外務省が公開した外交文書によってだった。この文書は、敗戦後の一九四五（昭和二〇）年一一月にGHQの将校が外務省に来て、開戦時に電信課長だった亀山一二から聴取した内容を日本側で記録したものだった。そのなかでGHQの将校は米側が解読した電文をもとに放送の正確な日時、放送方法、放送命令の経路、暗号の起草者が誰かを質している。

これに対して、亀山は、開戦当時電信事務を取り扱った職員が過労死したことを伝えた後、暗号放送が「行われたりと聞き及べり」とその事実を認め、放送の日時を一九四一年の真珠湾攻撃の前日か、当日にあたる「一二月七日か八日ごろ」と回答している。放送を実施することは外務省の局長などが協議して決めたことや別の職員が放送目的を「在外公館の保護措置」と説明したことが記載されている。付け加えれば、この文書でも「西の風　晴れ」が放送された謎は解明されていない。

開戦の日の朝の「臨時ニュース」は放送時間が極東軍事裁判でも問題になった。この開戦のニュースは真珠湾攻撃から三時間半後の一二月八日午前七時、「臨時ニュース」のチャイムの後、伝えられた。アナウンスを担当したのは宿直勤務をしていた館野守男アナウンサーで、館野アナウンサーは後日、極東軍事裁判で東條英機元首相の弁護人清瀬一郎から「大本営発表が午前六時なのに何故一時間後の午前七時のニュースで放送したのか」と尋問された。館野アナウンサーは、清瀬弁護人の尋問のねらいを次のように述べている。

「この一時間のズレにこだわったのは、午前六時発表なら真珠湾攻撃の成否が十分に分かっていない時刻だが、七時発表となると、奇襲攻撃成功が判明した後で宣戦布告をしたことになり、国際法上違反になる。それでどうしても午前六時にして東條の立場を有利に導きたかったようだった。」

いずれにしても、真珠湾攻撃はその日の午前三時三〇分にはすでに完了している。

4　天気予報が消える

開戦の朝、気象台から報道部のニュースの部屋に突然電話で「気象管制になりましたので、きょうから天気予報は送りません」という連絡が入った。それ以来、ラジオ放送開始の初日から続いていた「天気予報」は何の断りもなくプッツリ消え、復活したのは三年八ヶ月後の一九四五（昭和二〇）年八月一七日だった。今の時代、私たちの暮らしのなかで空気のような存在になっている「天気予報」が、ある日突然消えてなくなったらどうだろうか。想像もできないことである。中止の理由は本土に向かった敵機に攻撃目標を教えないためだといわれた。

だが、この気象管制下で、例外があった。太平洋戦争中、日本列島は四つの台風と大雨（八八人の死者・不明者）の五回、大きな気象災害に見舞われた。[19] このうち、一九四二（昭和一七）年八月二七日〜二八日に九州から近畿を襲った台風一八号（周防灘台風）の被害は甚大で、山口県を中心に死者・不明者が一〇五八人、住宅一〇万二〇〇〇棟が浸水した。この台風の接近を前に大災害の起こる危険を危惧した中央気象台は陸海軍と協議の上、「特例暴風警報」を発表することにした。

最初の警報は「新聞、無線電信およびラジオによる発表を禁ず。右、陸海軍当局と打ち合わせ済み」となっていて、周知方法については「県当局とも協議し、警察電話、加入電話および掲示を極力利用して」ということだった。ラジオがまだ放送開始していない時代には、毎日の天気予報も台風などの異常気象も各地の測候所から県庁に連絡し、警察署から派出所や市町村役場、そして警防団へと伝達するのが常だった。

しかし、中央気象台は、台風一八号の場合これでは不十分だと判断し、陸海軍当局と改めて協議の上、ラジオで警戒を呼び掛けることを決め、八月二六日午後一〇時一五分、次のような「特例暴風警報」を放送した。

「八月二六日午後、中央気象台発表。今夜よりあすにかけ九州南部および西部並びに近海一帯は暴風雨となる。厳重警戒を要す。」

警報の文言のなかには、いまでは欠かせない台風の位置や勢力、進行方向や速度などのデータは入っていない。それでも台風の進行に合わせて二九日朝まで九回ラジオで厳重に警戒するよう呼びかけられた。

この台風一八号について記録した「中央気象台・秘密気象報告第六巻」(一九四四年九月)には、山口県に住む八〇歳の男性が広島放送局長に宛てた感謝の手紙を載せている。そこにはラジオを聞いた者の多くは命拾いしたが、山間部などでラジオを聞けなかった者が犠牲になったと、感謝の気持ちと「ラジオが如何に必要なものかを初めて感じました」と書いてあった。

台風一八号の「特例暴風警報」放送は気象台・軍部関係者の賢明な判断で、気象管制下で行われた数少ない例だった。

5　海外放送で宣伝戦

開戦翌年の一九四二(昭和一七)年元日、日本放送協会の小森七郎会長は「年頭の辞」で、職員に次のように「激」を飛ばした。

「宣伝戦で圧倒的に敵を制圧することが最後の勝利獲得の要件であり、その意味では宣伝戦の主要な部門を担当するラジオが戦時下で担う使命の重大なることは計り知れず、職員の職務遂行の如何が戦争の勝敗に至大な関係を有する」。

南方軍は同四二年三月九日、ジャワで蘭印軍を無条件降伏させた。そのとき「ジャワ謀略放送」に携わったアナウンサー長笠原栄風の談話[20]がある。

「軍の計画はジャワにいるオランダ軍に謀略放送を流し、混乱させるのが狙いだった。我々今福祝さんらの六人は早速サイゴン謀略放送局を開局し、どの程度電波が届くかなど技術的な問題や放送文の作成など夜を徹して準備した。まず、『くるみ割り人形』を流し、続いてニュースの放送を始めた。捕虜を使ってマレー語のニュースも流した。謀略放送というと、暗くてじめじめした卑怯な行為のように思われがちだが、武器も使わず、大きな犠牲も払わず目的を達成できるという効果があるわけで、私は大きなやりがいを感じたものだった」。

以下は、南方軍が流した謀略放送文の一例である。

・日本軍増強一〇万を算し、蘭印軍苦戦に陥れり、英米豪増援隊未だ来着せず
・日本軍増援隊を得て「ラングーン」に殺到　英印軍は「ラングーン」放棄のやむなきに至る
・政府は民衆を偽れり日本軍は強力にして温情ある軍隊なり
・日本進撃猛烈「ラングーン」を放棄　蔣軍は北方に撤退中
・「ジャバァ」全面的敗戦に「チャーチル」首相内閣辞職を決意
・日本軍の進撃急にして勝敗岐路決す、今日の結果は英米豪軍の無責任なる逃避に起因す　政府は此の不利なる戦いを停止するため日本政府にあらゆる交渉を開始す

ラジオの海外放送が始まったのは、一九三五(昭和一〇)年六月一日だった。逓信省に提出された申請書によると、在外邦人と外国人に日本の正確な情報や文化の実情を伝えるのが目的とされた。日本が国際連盟を脱退(一九三三年)した後、日本の立場を世界に訴える必要があった。また、北米、ハワイに居住する邦人二〇〇万人からの要望も強かったという。戦前の海外放送は、太平洋戦争開戦後、送信地域、放送時間、使用言語が次第に拡充されていった。

開戦後の海外放送はすべてを電波戦に集中した。情報局は、陸軍、海軍、外務、逓信の各省と同盟通信社、日本放送協会によって、「海外放送連絡協議会」を設け、対外放送の一元化を図った。指導方針は「アジア人のアジア」であり、また内地と朝鮮、台湾、満州、それらの占領地を結ぶ東亜中継放送では、〝大東亜共栄圏〟の連帯意識が強調された。

交戦国に対して行う「対敵放送」「謀略放送」、アジア諸地域との友好を進める「善隣放送」、外地の出征部隊に向けた「外地将兵向け放送」を開始し、「週間戦況」「われらかく戦う」「時事問題解説」などの戦況ニュースを世界に向けて発信した。

開戦後間もない一九四一(昭和一六)年一二月二〇日、まず中国前線部隊、タイ、仏領インドシナ、蘭領インドシナ、蘭領東インド諸島、フィリピンに向けた海外放送を拡充し、七送信、一六言語、一日に延べ三時間五分から一〇送信、一七言語、二四時間四〇分の放送となった。その後、年々拡充され、一九四四(昭和一九)年一一月には一五送信、二四言語、一日の延べ放送時間は三二時間三五分となり、海外放送開始以来の最大規模となった。

一九四二(昭和一七)年二月からはイタリア、ドイツ向けの放送を新設、その後さらにオーストラリア、インド、アメリカ、イギリス向けの放送を強化した。この年の四月、「対敵放送」のなかに、南太平洋の戦線向けに「ゼロ・アワー」が新設され、ほかに「米人から米人へ」「光は東方より」などが放送された。「ゼロ・アワー」は、数人の女性アナウンサーが交代で放送したが、この女性アナウンサーたちは、ミッドウェー海戦の前後から沖縄戦にかけて「東京ローズ」と呼ばれ、若い米兵の人気の的となった。一九四三(昭和一八)年四月には参謀本部の指導する海外放送「日の丸アワー」が新設された。これはニュース、音楽、ドラマ、解説などを含む「対敵放送」だった。「東京ローズ」の一人で日系米人だったアイバ・トグリ・ダキノ(戸栗郁子)は、戦後、アメリカで反逆罪に問われて服役した。

東亜中継放送はその後、「東亜放送」と改称され、対外宣伝の性格が強くなっていった。

戦時下の全満州の放送局は、同四三年に有線化が完成して新京中央放送局以下一八局となったが、満州を除く他の外地局では、従来どおり短波による無線中継を行った。同四三年三月の満州全土の受信件数は四六万を超えていた。占領地における放送局の開局はマニラが最初だった。軍の徴用というかたちで南方に赴いた協会職員は三〇〇人余りにのぼった。

五　変わる放送――太平洋戦争（大東亜戦争）敗戦

1　情報局の指導取締り

太平洋戦争では、新聞もラジオも進んで戦争報道に協力した。それはまず「大東亜戦争の大義」を国民に浸透させる空気づくりから始められた。この背景には、国策遂行のために設置された情報局の存在がある。

情報局の歴史をさかのぼると、満州事変で日本軍の中国侵略が世界から非難され、政府はこれを「宣伝戦の惨敗」とみた。そこで一九三二（昭和七）年五月、外務省、陸軍省の間で世論操作のための非公式な機関が生まれ、ナチス・ドイツ宣伝省、イギリス情報省の研究を続けた。やがて海軍、文部、内務、逓信の各省代表も参加して、対内外の宣伝工作の中枢機関となった。目的は「満蒙における経済的な発展が帝国の生存上絶対要求である所以を積極的に宣伝し、これが貫徹は国民的決意であることを（諸外国に）了解せしむる[21]」というものであった。

これが「情報委員会」と名付けられ、一九三六（昭和一一）年、正式な政府機関として発足した。翌年には「内閣情報部」となり、一九四〇（昭和一五）年九月二七日に調印された日独伊三国同盟条約調印の翌日、より強い権限を集中した情報局への昇格方針（設置要綱）を決めた。

情報局の正式なスタートは第二次近衛内閣当時の同四〇年一二月六日で、情報局総裁（前内閣情報部長、外交官出身）の下、官房と五部一七課一五〇人（一時は五五〇人）のスタッフを擁し、報道を管轄する第二部の部長には陸軍少将が当てられた。新聞担当の第一課課長は陸軍大佐、雑誌担当の第二課課長は海軍大佐、ラジオ担当の第三課課長は逓信書記官が任命された。あまりの大所帯で首相官邸に入りきれず日比谷の帝国劇場で店開きしたというエピソードもある。

情報局官制は、その職務内容として次の四つを挙げている。

①　国策遂行の基礎たる事項に関する情報収集、報道及び啓発宣伝

②　新聞紙その他の出版物に関する国家総動員法二〇条による処分

③　放送無線電話の指導取り締まり

④　レコード、映画、演劇及び演芸の国策遂行の基礎たる事項に関する啓発宣伝上必要なる取り締まり

ここで目を引くのは、②の国家総動員法だ。これは、理屈抜きで、国家が記事を差し止め、新聞雑誌その他の出版物は、それについて一切書くことや掲載することが禁止される。それに反した場合は、一般の安寧秩序を乱したとして処分の対象になる。

◇国家総動員法二〇条

「政府は戦時に際し国家総動員上必要ある時は勅令の定むる所により、新聞紙その他の出版物の掲載について制限、又は禁止を為すことを得。政府は前項の制限又は禁止に違反したる新聞、その他の出版物は国家総動員法上支障あるものの発売頒布を禁止、これを差押えることを得」

新聞記事の場合、具体的には、当時在京の七新聞社と同盟通信社の八社を対象とした編集局長会議、政治、経済、社会部長会議を定期的に招集して、「懇談」「内面指導」という形で、差し止めなどの規制を加えていたとみられる。

ラジオも新聞雑誌同様の扱いで③のように「最近無線電話の発達によって放送が宣伝の最も有効な手段のひとつになって来た」として、国内および対外放送の内容について指導・取り締まりを行うとしている。こうして、戦争に対する国民の理解と軍部に対する好意的な「空気の醸成」づくりにマスコミはこぞって積極的に協力していくようになった。

真珠湾攻撃以来、日本国中が勝利に湧いていた一九四二(昭和一七)年の春、ラジオの放送内容を紹介した雑誌『放送』[22]は、戦時色を一段と色濃くしていた。

まず、表紙をめくると「戦車猛進」「銃後に湧く熱声歓呼」といった勇ましいグラビアが六枚並ぶ。目次を見ると、「進め貫け米英に　最後のとどめ刺す日まで」というスローガンがあり、東條英機首相の「大東亜宣言―共栄圏建設の根本方策―」が巻頭を飾っている。その内容は、同四二年一月二一日の貴衆両議院本会議で行われた施政方針演説の要旨で、演説そのものは中継録音され、当日の夜、全国に放送された。文章の冒頭では戦争目的を次の様に述べている。

「そもそも帝国の現に遂行しつつある大東亜戦争指導の要諦は大東亜における戦略拠点を確保するとともに、重要資源地域をわが管制下に収め、もってわが戦力を拡充しつつ、独伊両国と密に協力し、互いに呼応してますます積極的作戦を展開し、米英両国を屈伏せしむるまで戦い抜くことである」。「帝国は今や国家の総力を挙げて、専ら雄大広範なる大作戦を遂行しつつ、大東亜共栄圏建設の大事業に邁進している」。

このあと、陸軍大佐の「大東亜戦の大局決す」、情報局次長の「シンガポールの陥落と国民の覚悟」、企画院調査官の「米英の戦争経済力を解剖する」、朝日新聞欧米部長の「英帝国の断末魔」と続いている。

なかほどに、室生犀星の詩「シンガポール陥落す」、早稲田大学教授の「決死隊員の遺書」、海軍報道班員の報告があり、「大詔奉戴の感激」と題する四人の入選感想文が載っている。

後半には、愛国詩四編、国民合唱「海行かば《(ママ)》」「朝だ元気で」の二編、「大東亜戦争ニュース放送日誌」が紹介されており、放送批評、放送文芸の欄には、金原賢之助、堀内敬三、新居格、吉田絃二郎、土師清二、依田義賢、関川周の名前がある。

さらに目次の下には「放送番組時刻表」が載っている。放送は午前六時のニュースで始まり午後一時のニュースで終わっていた。

この間、国民の誓い、戦時家庭の時間、戦時国民教育講座、少国民の時間、政府当局者の話、軍事発表、今日の戦況とニュースが折り込まれている。休日には録音構成の「勝利の記録」を放送し、ラジオがしきりに戦意高揚を煽っていたことが分かる。

2 戦局が逆転

戦況報道は、新聞社、通信社を含めてすべて「大本営発表」に統一され、大本営発表は合わせて八四六回放送された。放送は全国放送に統一されていたが、「空襲」の情報は、電波管理によって聞こえにくくなった地域への対応策として、軍管区単位の「群別放送」をしていた。たとえば、「東部軍管区情報発令」(関東地方など)といった「軍管区」は、当時、樺太から九州まで五つのブロックに分け、「軍管区」ごとに敵機による「空襲」の情報を放送していた。

開戦以来、連戦連勝が続くなかで、戦局が逆転したのはミッドウェー海戦からだった。米機による初めての東京空襲から四八日目に当たる一九四二(昭和一七)年六月五日から七日にかけて、日本海軍はまだ優勢なうちに米海軍に決定的な打撃を与えようと、太平洋上の米軍の戦略拠点ミッドウェーを攻撃した。この海戦で南雲忠一中将の率いる機動部隊の「赤城」をはじめ、「飛竜」「蒼龍」「加賀」といった航空母艦四隻と重巡洋艦一隻、飛行機三二〇機を失うという惨敗を喫した。大本営海軍部報道参謀の少佐だった冨永謙吾は自著『大本営発表の真相史』[23]のなかで、この惨敗の事実をそのまま国民に知らせるかどうか三日三晩検討した結果、「空母四隻沈没」については作戦部の強硬な反対で隠すことになった、と明かしている。その結果、六月一〇日午後三時三〇分の大本営発表は損害を少なく、戦果を強調するものになった。

「帝国海軍部隊は……五日洋心の敵根拠地ミッドウェーに対し猛烈なる強襲を敢行するとともに同方面に増援中の米国艦隊を捕捉、猛攻を加え敵海上および航空兵力並びに重要軍事施設に甚大なる損害を与えたり。……現在までに判明した戦果は次の通り」とし、「米航空母艦エンタープライズ型一隻、ホーネット型一隻撃沈、飛行機一二〇機撃墜、軍事施設爆破」と戦果を強調し、最後に「一方、味方の損害は次の通り」とし、「空母一隻喪失、空母一隻大破、巡洋艦一隻大破、未帰還飛行機三五機」とした。

作家澤地久枝はミッドウェー海戦の全戦死者（日米）の生年月日、出身地、学歴、階級などを克明に調べ、一冊の本『記録　ミッドウェー海戦』[24]にまとめた。それによると、戦死者数は日本側三〇五七人、米側三六二人で、日本側の戦死者の九六％が下士官と兵で占められていた。戦死者のうち入隊前の家の職業がわかった一〇七九人の家業は農業が七三％だった、という。

この海戦以後、日本海軍は太平洋の制海権を失い、島々に残された兵隊の餓死、玉砕が繰り返されていった。こうして戦局は逆転したが、軍部は、国民はもとより政府に対してもミッドウェーの実情をひた隠しにしたままで、国内は開戦後の戦勝気分が続いたままだった。

しかし、そんな空気も次第に悪化する戦局とともに変わらざるをえなかった。政府は同四二年一一月一七日、「対敵宣伝を画期的に強化するため同盟通信社及び日本放送協会に対する情報局の指導監督を強化する」方針を決め、これに基づいて、一二月四日から放送運営に関する事項が総理大臣の主管事項となった。

日本軍は一九四三（昭和一八）年一月下旬〜二月上旬にかけて、ニューギニア島ブナ付近とソロモン諸島ガダルカナル島からそれぞれ後方へ撤退した。この戦いで、二万五〇〇〇人の戦死者・餓死者を出し、多数の艦艇と航空機を失った。この陸戦での戦いを敗北でなく「転進」と発表した。続いて四月、連合艦隊司令長官山本五十六元帥が戦死。五月、アッツ島守備隊二五〇〇人が「玉砕」した。

とくに、ガダルカナル島からの「転進」以来、暗いニュースが続き、国民生活も苦しくなってきた。そのため、放送はすべて次のなかのどれかに該当しなければならなかった。

◇一九四三年初めの番組企画方針（九項目）

1. 必勝の信念の堅持、旺盛な士気の高揚
2. 戦場精神の高揚
3. 米・英に対する敵愾心の鼓吹
4. 戦争生活の実践
5. 生産の増強

6. 国民生活の明朗化と国民の融和結束強調
7. 日本的世界観の確立、日本文化の建設
8. 大東亜各地の認識の確立、大陸への関心強化
9. 前線・銃後一体化の強調

これに基づいて、ラジオの番組名も「国民に告ぐ」、「軍事発表」、「国民の誓い」、「我らの決定」、「勝利の記録」、「今日の報道」に変わった。戦時下の非常時にふさわしくない音楽の追放や敵性語の禁止も始まる。具体的には次のとおり。

・レコード：独・伊を除く米・英の一〇〇〇曲（一部日本のものも含む）追放。「オールドケンタッキー」「スザンナ」「埴生の宿」「庭の千種」「コロラドの月」「峠の我が家」など使用禁止。
・楽器：スチールギター、ウクレレは、感傷的だとして使用禁止。
・ジャズ音楽：全面禁止。「ブルースの女王」淡谷のり子には国賊歌手のレッテルを貼る。
・敵性語：ニュースは報道、アナウンサーは放送員というように英米語は使用を禁止し、外来語を日本語化した。

〈楽器〉ピアノ＝鋼琴、クラリネット＝堅笛、ヴァイオリン＝提琴
〈野球用語〉ストライク＝よし一本、ボール＝一つ・二つ、セーフ＝よし、アウト＝だめ、三振＝それまで、ヒット＝よし、ファアル＝だめ、ホームイン＝生還

〈ゴルフ用語〉ゴルフ＝打球、ホールインワン＝鳳

〈エンピツ〉HB＝中庸、B＝軟、H＝硬

3　変わる放送番組

情報局第二部第三課の手で編まれた放送検閲事例集には『放送事項取締彙報第八号《いほう》』という題がついていた。NHK放送文化研究所の前川佐重郎が「明らかになった戦時下の放送検閲―新発見史料『放送事項取締彙報』―」(25)で紹介した検閲の事例をみると、ニュースはもちろん講演、学校放送、少国民の時間、幼児の時間、音楽、朗読、漫才、放送劇、音盤（浪花節）に至るまで放送のほぼ全てにわたって情報局の目が光っていた。

たとえば、全満（現中国東北部全域）向けの『児童の時間』に「偉人軼事《いじんいつじ》＝世間に知られていない事実や事柄」としてベートーベンと『月光の曲』について述べた文章がある。このうち、ベートーベンが身分の違いから失恋し、それが作曲につながったと記述した部分が「児童教育上悪影響アルニ付」として削除された。

この検閲に当たったのは軍人ではなく関東逓信局の検閲官だった。前川はさらに『彙報第八号』の中から削除、改訂を命じられたさまざまな事例をピックアップしている。

・「白人ナル用語モ面白カラザルニ付傍線ノ個所削除セシム」

・「拝米的思想ナシトセズ少国民トシテ面白カラザルニ付全面的ニ改訂セシム」

・「傍線ノ個所一般の不満ヲ醸成スルコトトナリテハ面白カラズ」
・「敵側ノ宣伝ニュースノ疑ヒ濃厚且ツニュース価値乏シキニ付停止セシム」
・「児童ノ共感ヲ呼ビ……戦争ヲ厭ウ心ヲ起サシムル懸念アルニ付削除セシム」
・「今次聖戦ヲ茶化シタルガ如キ表現ニシテ曲モ低俗ニ付撤回セシム」
・「戦争ヲ戯画化」
・「国防的見地ヨリ考慮ヲ要スモノト認メ注意ノ処削除セリ」
・「時局便乗、人情歪曲、反戦的ニ付撤回セシム」

前川は『放送事項取締彙報』について「今日つとめて客観的に振り返っても、それらの多くは事実を隠ぺい、あるいは歪曲するなど国民を瞞着するものであった。……放送検閲が戦時体制同調の世論をつくり出す機関＝情報局の重要な柱として機能していたことを意味している」と分析している。

◇一九四三年七月の「時局に関する報道方針」

①　戦力増強（造船、航空機、鉄、石炭）　超重点産業　増産
②　食糧緊急増産（米、麦、さつまいも、じゃがいも）
③　国民決戦生活の確立（国民生活の徹底的簡素化、とくに衣生活の簡素化を期する）

ラジオは大佛次郎原作「角兵衛獅子」「鞍馬天狗」、徳川夢声朗読「宮本武蔵」(いずれも恋物語は省略)など慰安・娯楽番組を積極的に取りあげる。一九四四(昭和一九)年七月七日、米軍がサイパン島を占領。日本全土がB29の爆撃圏に入る。以後、本土空襲が激しくなり、「空襲警報が発令されたら、防空着を着て、防火用水を点検し、あらゆる容器に水を満たし、バケツ、砂、その他の防空用具を点検するように」ラジオを通して国民の注意が促された。

「神風特別攻撃隊」が初めて出撃したのはレイテ沖海戦だった。同四四年一〇月二八日、連合艦隊司令長官豊田副武がその「殊勲」を全軍に布告し、海軍省から公表された。ラジオはこれを伝え、この日から連日のように「愛国詩・神風特別攻撃隊」(西條八十作)と「軍国歌謡・嗚呼神風特別攻撃隊」(野村俊夫作、古関裕而作曲)が放送され、少国民向けには「お山の杉の子」が放送されている。その後、一二月一七日からは『陸軍特別攻撃隊「護国隊」』の放送が加わった。

こうして日本列島は神風特攻隊讃美一色になり、「お山の杉の子」の広告が載った一九四五(昭和二〇)年一月一九日付朝日新聞の見出しは、こんな調子だった。

「一億特攻隊」「荒鷲の母讃ふ」「神鷲を救ふの道は新兵器完成のみ」「研究尽瘁こそ特攻魂」「青少年の超人的働きに学べ」「女性にもほしい同志愛」

特攻隊の出撃は沖縄戦が終息に近づいた同四五年六月に頂点に達した。南九州には、知覧(陸軍)、鹿屋（海軍）など十数ヶ所の特攻基地があり、日本放送協会では「前線録音隊」を派遣して、特攻隊員と起居を共にしながら特攻隊の出撃状況や出撃を控えた隊員の声を録音して国民に伝えている。

六月　四日：「特攻隊の基地を訪ねて」

六日：「出撃」

八日：「戦う少国民へ」「戦場の創意工夫」

一〇日：「ある日の基地」

一三日：「神風神雷特攻隊総攻撃」

一七日：「神雷特攻隊総攻撃」

一八日：「特攻隊員の面目」（山岡荘八）

一九日：「振武隊の基地を訪ねて」「学鷲特攻隊座談会」

二一日：「特攻隊員の父になりて」（作中川雄三）

二四日：「特攻隊員の面目」（山岡荘八）「学鷲特攻隊座談会」

二六日：「人に非ず弾に非ず神雷なり」（解説山岡荘八）

神風特攻隊の提唱者といわれる第一航空艦隊司令長官大西滝治郎中将は、敗戦翌日の八月一六日早暁、自決した。遺書には「特攻隊の英霊に日《もう》す。善く戦いたり深謝す。……吾死を以って旧部下の英霊と其の遺族に謝せんとす……」とあった。大西中将の提唱に対しては、軍の内部でも公然と反対を唱える中堅幹部がいたといわれ、また、東京帝国大学航空研究所の富塚清教授のように講演などで明確に批判した者もいたが、新聞・ラジオでこれらの声が伝えられることはなかった。

そうしたなかで、外交評論家でジャーナリストの清沢洌は『暗黒日記3』[26]に次のように書き残している。

「(一九四五年)一月二五日(木)

昨日、技術院総裁八木秀次博士、議会で答弁していった。

『戦局は必死必中のあの神風特攻隊の出動を待たなければならなくなったことは、技術当局として誠に慙愧にたえず、申し訳ないことと考えている。』

この答弁は、非常な感激を議場で生んだ。泣いているものもあったという。(『読売』——非常にスペースを割いてその状況を伝う)。

これは、封建的なる愛国観(死ぬことを高調する道徳)に対するインテリの反撥の発露だ。誰かがいってくれたらいいと考えていたところだ。それを八木博士がいったのだ。」

「ラジオの歌」

戦時中、こんな歌がラジオから頻繁に流されていた。この歌一つとってもラジオが戦争遂行にどんな役割を果たしていたかが分かる。

『ラジオの歌』（日本放送協会撰定、片山頴太郎作曲）

1　御い威（みいつ）かがやく新世紀
電波の力たくましく
使命は重き国防の
大空翔けるその響き
おおラジオ、ラジオ
われらの光

2、3（略）

4　今ぞ興亜の空青く
電波は冴えて海外に
八紘一宇日本の
理想を高く進めゆく
おおラジオ、ラジオ
われらの光

御い威（みいつ）：天皇・神などの威光。強い御威勢。八紘一宇は世界を一つの家とすること（『広辞苑』）。

【番外】信時潔と「海ゆかば」

「代表作、海行かば・沙羅・童謡一番星見つけた・電車ごっこなど。市内、小中学校六校の校歌を作曲し、文化功労賞を受賞された。なじみ深い信時潔さんです」。JR中央線国分寺駅北口の商店街に「信時潔生誕一二〇周年記念行事」（二〇〇七〈平成一九〉年一一月一〇日～一一日）を知らせるポスターが貼られていた。主催者は信時潔が大正時代から七七歳で亡くなるまで住んでいた東京・国分寺市の本多公民館となっていた。

信時潔という名前を知っている人はいまどのくらいいるだろうか。信時が手がけた校歌は、全国の小・中・高・大学（慶應義塾大学の塾歌も含め）で九〇〇曲、また、社歌・団体歌は一七〇曲というから、覚えている人も多いかもしれない。[27]『新潮日本人名辞典』（新潮社、一九九一年）は、次のように紹介している。

「のぶとき　きよし　信時潔

明治二〇・一二・二九～昭和四〇・八・一（一八八七～一九六五）大正・昭和期の作曲家。大阪生まれ。東京音楽学校本科終了。ヴェルクマイスターにチェロと作曲を師事。大正九年（一九二〇）ドイツに留学、G・シューマンに作曲を学ぶ。母校教授を経て作曲に専念。代表作にカンタータ『海道東征』、合唱曲「日本古謡」、歌曲「沙羅」など。昭和三八年文化功労者。」

しかし、ここには冒頭のポスターに登場する「海行かば」は入っていない。人名辞典の筆者は、信時潔が太平洋戦争中、「君が代」より多く歌われたともいわれる「海行かば」の作曲者だったことを知らないはずはない。一九四二(昭和一七)年、一歳年上の同じ作曲家山田耕筰とともに日本芸術院会員になっているが、それも書かれていない。

また、『朝日人物事典』(一九九〇年)は、「海行かば」が国歌より多く歌われたこと、日本芸術院会員に選ばれたことは記述してあるものの、「朝日文化賞」を受賞（一九四三年）したことは省かれている。

公民館の記念行事で「信時潔の軌跡」と題して講演した信時裕子(潔の孫。当時、日本近代音楽館勤務)は、スクリーンに写し出した年譜をなぞりながら、四歳の時に亡くなった祖父の生涯をたどった。このなかで、「海行かば」については一言、次のように話した。

「一九三七(昭和一二)年、五〇歳の時、日本放送協会の委嘱により、『海ゆかば』を作曲。一〇月、初放送。翌月、『わかもと本舗栄養と育児の会』が唱歌として楽譜を発行し、無料で全国の学校に配った。一九五〇(昭和二五)年に刊行した『信時潔独唱曲集』『信時潔合唱曲集』(春秋社)のなかに『海ゆかば』は入っていない。戦後、信時は作曲をしなくなったという人がいるが、そんなことはありません。」

記念行事のコンサートの部では、信時の作品が次々に披露されたが、そこでも「海行かば」の演奏はなかった。

同じ会場の写真展には、愛用のピアノ(スタインウェイのアップライトピアノ)に向かう信時潔の写真に混じって、信時自筆の「海ゆかば」の歌詞の書が展示してあった。万葉の歌人大伴家持の長歌に曲をつけるように依頼したのは日本放送協会の東京中央放送局文芸部だった。

「海ゆかば　水づく屍　山ゆかば　草むすかばね
大君のへにこそ死なめ　かへりみはせじ」　信時

「海ゆかば」は、日中戦争が始まって三ヶ月後の一九三七（昭和一二）年一〇月に初めて演奏され、最初は「国民唱歌」の時間のテーマ音楽として繰り返し放送されていた。しかし、四年後に始まった太平洋戦争の敗色が濃くなると、「海ゆかば」は玉砕などの悲報を伝える臨時ニュースの冒頭に使われるようになり、しだいに鎮魂歌となっていった。

◇一九三七（昭和一二）年一〇月一二日
「海ゆかば」の最初の演奏は日比谷公会堂で行われた。それは、戦意昂揚を促すために発足した「国民精神総動員中央連盟」の結成式のアトラクションのひとつで、その模様はラジオで全国に中継放送された。翌一〇月一三日から一週間、毎朝八時からの特別番組『国民朝礼の時間』（三〇分）のなかで、「君が代」、宮城遥拝の呼びかけ、時局講演、ラジオ体操と唱歌「海ゆかば」が放送された。

◇一九四一（昭和一六）年一二月八日
真珠湾攻撃の日は、臨時ニュースが繰り返し放送され、午後六時三〇分からは「軍艦行進曲」のほか、「海ゆかば」など八曲が合唱で演奏された。太平洋戦争が始まると、戦果を知らせる大本営発表には、陸軍は「分列行進曲」、海軍は「軍艦行進曲」を放送する方針が決められた。

◇一九四二（昭和一七）年三月六日
「海ゆかば」が玉砕ニュースの前奏曲になったのは、この日の午後五時のニュースからだった。このときは、冒頭、しめやかな「海ゆかば」の曲が流れたあと、海軍省と大本営の発表が行われ、真珠湾攻撃に参加した特殊潜航艇の特別攻撃隊員九人（九軍神）の戦死が伝えられた。
◇一九四三（昭和一八）年五月三〇日
　この日午後七時のニュースで、連合艦隊司令長官山本五十六の戦死（四月一八日）とアッツ島の山崎部隊二五〇〇人が玉砕（五月二九日）したことを伝える大本営発表が放送された。この年の一〇月二一日午前九時五〇分、「出陣学徒壮行会」の実況放送が明治神宮外苑競技場から全国に中継された。このとき、東條英機首相の演説の後、「海ゆかば」の大合唱があった。
◇一九四三（昭和一八）年一二月二〇日
　ラジオは「海ゆかば」のあと、マキン、タラワ両島守備隊の軍人・軍属約四七〇〇人が一一月二五日に玉砕したことを伝えた。「海ゆかば」の前奏曲と玉砕という言葉が重なるにつれ、国民の間には不安と焦慮が深まっていった。
◇一九四四（昭和一九）年二月二五日
　この日午後五時のニュースは、二月六日、マーシャル群島で守備隊が玉砕したという大本営発表を伝えた。このなかに、朝香宮鳩彦王の第二王子、音羽正彦海軍大尉も含まれていた。二五日午後七時、ラジオはこのニュースを繰り返し放送した後、二〇分間、哀悼の意を表して、放送を臨時休止した。

◇一九四四（昭和一九）年七月七日
サイパン島守備隊三万人が全滅。約一万人の一般住民も軍と運命を共にした。
◇一九四四（昭和一九）年九月三〇日
大本営は九月二七日までにテニアン島、グアム島の守備隊全員が戦死したものと認めるという大本営発表を放送。ラジオの臨時ニュースの「海ゆかば」の前奏はそのまま日本の葬送曲だった。
◇一九四五（昭和二〇）年五月三日
この日、久しく途絶えていた「軍艦行進曲」が、陸軍の劣勢な沖縄の守備隊を激励するため放送された。米軍のレイテ上陸（一九四四年一〇月）以来、大本営発表は戦果を誇示できなくなり、「軍艦行進曲」などは大本営の要請があるときだけ放送するようになっていた。「海ゆかば」が最後に放送された日はいつだったのか記録が見つからない。

『新潮日本人名辞典』、『信時潔独唱曲集』『信時潔合唱曲集』（春秋社）に「海ゆかば」が入っていないのは、葬送曲となってしまった事情を反映しているのだろうか。

一九六三（昭和三八）年一〇月二三日、新聞各社は朝刊で文化勲章受章者と文化功労者に選ばれた人の「喜びの声」を載せている。このうち、文化功労者に選ばれた信時潔は「海ゆかば」の作曲について満足そうに話している。
◇読売新聞「確信をもてる曲『海ゆかば』」

私の作曲のなかでは〝海ゆかば〟の曲が一番知られているようだが、あの当時の日本民族の気持ちを率直にうたいあげたつもりだ。戦争を連想されるかもしれないが、わが国の音楽史のなかでも自分なりに確信を持てるもののひとつだ。（後半略）

◇毎日新聞「日本の古典に曲を」

（前半略）〝海行かば〟は日中事変が拡大して行ったころの二〇余年前、NHKから作曲を依頼されたものだが、「歴史の激流のなかにあった当時の国民の感情を、国民のひとりとしてうたったものです」と感慨深そうだった。

◇朝日新聞「音楽が役に立って……」

「いまさら晴れがましいとも思うが、好きで選んだ音楽の道が国の文化に一役買ったと思ってもらえることはうれしい。とても幸運だったと思います。」（略）「海ゆかば」をはじめ、万葉、古典などから感じ入った詩をみつけては作曲を続けた。「何曲ほど？」「さあ数には弱いので、妻の年も七〇の少し手前、くらいしか思っていない。」

芥川賞作家の阪田寛夫（一九二五年一〇月八日〜二〇〇七年三月二二日）は信時についての短編小説『海道東征』[28]を書いている。阪田はまた童謡「サッチャン」の作詞家として知られ、阪田の従兄で信時に作曲を習った作曲家大中恩が「サッチャン」の作曲をしている。

題名の『海道東征』は神武天皇の東征伝説をもとにした北原白秋の詩に信時潔が作曲したカンター

タ＝大交声曲で、一九四〇（昭和一五）年一一月二六日、日比谷公会堂で開かれた「皇紀二六〇〇年」を祝う演奏会で初演された。

少年の頃から音楽好きだった阪田は旧制中学二年のとき、大阪・中之島の大阪朝日会館に信時の『海道東征』を聴きに行ったことがあった。その阪田が朝日放送のプロデューサーとなり、一九六二（昭和三七）年の正月番組で『海道東征』を再演した。短編小説『海道東征』はそのときの取材ノートを基に信時との思い出や信時の次男の次郎に聞いた話を綴った作品である。そのなかにこんな記述がある。

「時勢の成り行きで、立場上、国民的作曲家になってしまった点だ。早くから、『東京音楽学校作曲の名義で御大喪奉悼歌とか、御即位式の歌、御製など、あらたまったものを作るのが東京音楽学校教官の役目だった。『おれは運命に流されたようなものだな』と次郎さんに述懐したことがあった」。

『戦争中、国の動きにずいぶん動かされました』こころみに『海道東征』の作曲を引き受けた事情について、発表の翌年、信時自身が求められて書いた文章を見ると、『一昨年の春、日本文化中央連盟から（略）『海道東征』作曲の御依頼を受け、度々御辞退いたしましたが遂に御引受けすることになり、同年一一月初めて歌詞をいただき……』云々とある。これらの一連の曲のうち、「海ゆかば」について、次郎はこう言った。

「あのひびきが辛い面に結びつきまして、――私なんか普通の感じでは聴けませんが、――あの言葉によくあの音をつけたなと、そのことはちょっと感心しますね。あれは信時潔の音ですね。（略）」

敗戦の年の暮れ、「音楽戦犯論争」があった。音楽評論家山根銀二が東京新聞の紙上で、戦時中、音楽挺身隊隊長を務めた山田耕筰を「典型的な戦争犯罪人」として糾弾したという。それに対して山田耕筰は「戦時中、国家の要請に従ってなした愛国的行動が戦争犯罪になるなら」国民は挙げて戦争犯罪者になると反論した。結局、この論争は中途半端に終わり、「音楽関係者からは、戦争責任による追放はひとりも出なかった」という。(29)

歴史に翻弄された「海ゆかば」だった。(30)

【番外】少国民の歌「お山の杉の子」

戦後六五年の夏、「座談昭和史『日本のいちばん長い夏』」がNHKハイビジョンで放送された（二〇一〇年七月三一日）。番組の元となった同名の「文春新書」の帯には「玉音放送は軍・将兵への『御言葉』だった!?」「当事者三〇人が昭和三八年夏に一堂に会した、前代未聞の『座談昭和史』。司会は半藤一利（当時三三歳）」と記してある。ここでは出演者が八月一五日前夜を語る座談の合間に二回歌われた「お山の杉の子」が戦争とともに歩んだ道程について取り上げたい。

番組では、一回目はもんぺ姿の少女が「此ノ身分　戦場ニ在リ」の標語や「学童疎開積車」の列車を映した映像の前で歌い、二回目は赤いワンピースの女性が高度成長を謳歌する映像の前で歌っていた。歌詞は戦争中と戦後とでは違っている。一番と二番はほぼ同じだが、一回目は三番から六番までの歌詞に戦意高揚のキーワードがちりばめられている。

その三番には「大きくなって、国のため」とあり、四番には英霊の家を示す「誉れの家の子のように」が登場する。五番は「兵隊さん」と「傷痍の勇士（戦地で傷ついた人）」が出てくる。六番になると、「勇士の遺児」「今に立派な兵隊さん」「忠義孝行一筋に」「お日様出る国　神の国」「この日本を護りましょう　護りましょう」でしめくくられる。

「お山の杉の子」を作詞したのは徳島県出身の吉田テフ子。[31] 吉田は戦争が激しくなった一九四四（昭和一九）年、小学校の教員を辞め、出征した兄らに代って家業の山仕事を手伝っていた。もともと小説家志望だったという吉田は、そのころ、日本少国民文化協会[32]が「少国民歌」を募集していることを知り、杉の苗を育てた体験をもとに歌詞を作って応募した。それが入選し、選考委員のサトウ・ハチローが補作し、佐々木すぐるが作曲、後の「歌のおばさん」安西愛子が歌った。

この歌の性格ははじめから戦意高揚のための「少国民歌」と位置づけられていた。『日本童謡集』（岩波書店、一九五八年）の解説には、「敗戦の色濃くなった昭和一九年（一九四四）一〇月、日本少国民文化協会公募制定、軍事保護院献納少国民歌『お山の杉の子』は、サトウ・ハチローの補作によって、童謡調の終止符を打ちました」とある。

最初に歌われたのは、一九四四年一〇月八日、東京の神田共立講堂の発表会で、それ以後、この歌のプロパガンダはすさまじく、連日のようにレコードで流され、ラジオで放送された。レコードの販売にも力を入れており、一九四四年一二月三〇日と翌四五年一月一九日の朝日新聞には、「お山の杉の子」のレコードの発売を知らせる広告「イヨイヨ　ハツバイニ　ナリマシタ　ニッチク（コロンビアが改名——筆者)」が載っている。

その結果というべきか、当時大流行した歌は「お山の杉の子」「ダンチョネ節」「軍隊ストトン節」「可愛いスーチャン」「ズンドコ節」「同期の桜」「ラバウル小唄」「かくて神風は吹く」「神風特別攻撃隊の歌」などだった。

(1)現在の東京港区。標高二五・七メートル、東京二三区内最高峰。
(2)日本放送協会技術研究所編『三十年史』日本放送出版協会、一九六一年。
(3)わが国の国語の仮名づかいでは「ヂ」と書くことは非常に少なく、「ジ」がほとんどを占めているため、一九四一年六月以来、「ラジオ」に変わった。
(4)飯田市歴史研究所編『満州移民—飯田下伊那からのメッセージ』現代史料出版、二〇〇七年。
(5)『森繁自伝』中央公論社、一九六二年。
(6)長幸男著「『政策の僻地』が生んだもの—東北凶作—」朝日ジャーナル編『昭和史の瞬間〈上〉』朝日新聞社、一九七四年。
(7)日本放送協会編『20世紀放送史〈上〉』NHK出版、二〇〇一年。
(8)「NHK報道の記録」刊行委員会『NHK報道の50年—激動の昭和とともに』近藤書店、一九八八年。
(9)寺崎英成『昭和天皇独白録・寺崎英成御用掛日記』文藝春秋、一九九一年。
(10)常安弘通遺稿集『今や昔』芸文堂、一九九一年。
(11)前掲『NHK報道の50年』。

(12) 日本放送協会編『ラジオ年鑑　昭和二二年』日本放送出版協会、一九四七年。
(13) 同前。
(14) 前掲『三十年史』。
(15) 宮内庁奉呈版の原稿＝CD版。
(16) 阿部良男『ヒトラー全記録』柏書房、二〇〇一年。
(17) 同前。
(18) 朝日新聞夕刊二〇一三年三月七日付。
(19) 国立天文台編『理科年表　平成三〇年』丸善出版、二〇一七年。
(20) 前掲『NHK報道の50年』。
(21) 渋谷重光『大衆操作の系譜』勁草書房、一九九一年。
(22) 日本放送出版協会編『放送』一九四二年三月。
(23) 冨永謙吾『大本営発表の真相史―元報道部員の証言』自由国民社、一九七〇年。
(24) 澤地久枝『記録 ミッドウェー海戦』文藝春秋、一九八六年。
(25) NHK放送文化研究所『放送研究と調査』二〇〇二年一二月。
(26) 清沢洌著・橋川文三編『暗黒日記3』ちくま学芸文庫、二〇〇二年。
(27) 信時裕子のホームページ「信時潔研究ガイド」に信時潔作曲の校歌、社歌、団体歌などが詳しく紹介されている。
(28) 『文学界』一九八六年七月号。
(29) 朝日新聞夕刊「新聞と戦争―表現者たち⑩」二〇〇七年一〇月二六日付。
(30) 文中、「海ゆかば」と「海行かば」の二つの表記が混在しているが、いずれも出典にしたがっている。
(31) 「お山の杉の子」の作詞者吉田テフ子は、戦後、勤務先の労働組合の支部副委員長になり、北九州の戸畑市（当時）

の市議を一期務め、一九七三（昭和四八）年、五二歳で亡くなった。

（32）日本少国民文化協会は、一九四二（昭和一七）年二月一一日発足した。定款に「本会は皇国の道に則り国民文化の基礎たる日本少国民文化を確立し以って皇国民の錬成に資するを目的とす」と規定している。

第4章

国策放送からGHQラジオコードへ

一　ニュース原稿の素材

1　スタートは新聞・通信各社の原稿

一九二五（大正一四）年にスタートしたラジオのニュースは新聞・通信各社の「書き言葉」の原稿を「……です。」「……ます。」と「話し言葉」に書き直したうえ、検閲を受けてから放送された。先行した活字メディア（中外新聞一八六八年）に比べて半世紀余り遅れてスタートした電波メディアだけにニュースの放送には産みの苦しみがあった。その知られざる歩みを放送史から振り返ってみたい。

まず、ニュース原稿は、新聞通信一一社から無償で提供された。一日に三社がそれぞれ一五分程度の放送用原稿を書き、放送局はオートバイでそれを受け取りに行った。原稿は逓信局の検閲を受けた後、スタジオに回され、アナウンサーはそれを一字一句ゆるがせにせず読み上げる。東京放送局が仮放送を開始してから一週間後の「ニュース」は「放送日誌」によると、こんな具合だった。ニュース原稿は放送初日から残っていない。

「一九二五年三月二九日（日曜）
前11：30～11：45『ニュース』
重要なるニュースなきことを挨拶的に放送せり　報知新聞社提供

後1：30〜1：45『ニュース』　　　　読売新聞社提供
ニュース五項目放送せり
後7：00〜7：15『ニュース』　　　　日日新聞社（東京日日―引用者）」
オートバイの原稿帰り遅れ困難せり

ニュース原稿を提供したのは、読売、東京日日、東京毎夕、東京朝日、都、日本電報通信（電通）、国民、中外商業、帝国通信（帝通）、時事新報、報知の一一社で、東京放送局はこの一一社とニュースの提供について協議し、一一項目にわたる「覚書」を交わした。

◇覚書

1．放送時刻は一日三回とし、次の時刻とする。（別表に放送開始第一日の番組表があり、そこには、「11：30ニュース」読売新聞社提供、「1：30ニュース」東京日日新聞社提供、「7：00ニュース」東京毎夕新聞社提供とある――筆者）。
2．各社は放送一回毎に交替す。
3．資料は新聞紙法及び出版法に抵触せざるものとす。
4．資料は毎日一五分間の放送に適する分量とす。
5．資料原稿は、放送者の容易に読み下し得る程度に記載するものとす。

6. 放送局は、毎回当該社に特使を差遣し資料を受領す。
7. 特使は所定の時刻までに当該所定の場所に出頭す。
8. 特使が資料を受領する際は当該備ふる所の受付簿に受領印を押捺す。受領の印鑑予め各社に提出す。
9. 特使はオートバイに乗務せしめ途中の事故に備ふるため二人を差遣わす。
10. 放送に当たり放送者は左の前置辞を宣るものとす。「只今より○○新聞社の特報を放送いたします。」
11. 放送後の原稿紙は放送局に於て放送日時提供社名を記し順次整理し六ヵ月間保存す。

『朝日新聞社史』には、「東朝（東京朝日新聞——筆者）では整理部が出稿の窓口となった」として、整理部長だった美土路昌一の苦労話が載っている。「初めはニュースをアナウンスに適した文章に直して放送局に送って居った。各社が順番に担当したが、何か大きな事件の日に当たれば忙しくなるし、何もない、だらけた日にも困ったらしい。而も社の特種は出せないから、実に平凡なニュースが多かった。……整理部のデスクに行っても『何もない』と云われたりして、苦労したものである(1)」。

ラジオ草創期の放送のなかで報道関係の放送時間は三分の二が「経済市況」、四分の一が「ニュース」、それに「天気予報」「日用品物価」「時報」で、全体として報道は教養、娯楽・慰安に比べ少なく、「ニュース」のウエイトは低かった。

東京放送局に続いて六月一日に大阪放送局で仮放送が始まり、大阪朝日、大阪毎日、帝通、京都日日、神戸新聞の五社から無償でニュースの提供を受けた。七月一五日には名古屋放送局でも仮放送が始まり、新愛知、名古屋新聞の二社から無償でニュースの提供を受けたが、ここでは特別に日本電報通信（電通）からニュース原稿を購入している。

ニュース原稿の無償提供には新聞・通信各社の思惑があって、ラジオの速報性に着目して自ら放送局を経営する計画があったからだ。しかし、政府はそれを認めず、結局、放送局に出資し、理事を送り、交代でニュース提供することで放送に参加した。なぜ政府は新聞通信各社の放送局経営への参入を拒んだのか。それは逓信省が「所謂自由主義的な、監督官庁から見て好ましからざる言説」を避けたのだとみられている。

春日由三元NHK専務理事は「無料でニュースをもらうのはいいが編集権がない。毎回提供社が変わるのでニュースに一貫性がない。特ダネなどは意識的に提供しないわけで、……にもかかわらず放送を始めると電波の同時性、速報性に新聞、通信社は対抗意識を燃やすとともに号外が売れなくなったといってニュースの削減を要求、一か月後の本放送開始の時には協定を改め、ニュースの放送時刻を午後零時四五分と七時一〇分の二回の合わせて三〇分に減らしている。そんな状態だったから、しばしば『今日は○○新聞のニュースの提供がございませんので、この時間の放送は取り止めます』というアナウンスをせざるを得ない事があった[2]」と書いている。

ラジオニュースが日本のどこにいても聞くことができるようになるまでの道のりは長かった。まず、東京、大阪、名古屋の三局が開局一年余で解散合併し、一九二六（大正一五）年八月二〇日、社団法人日本放送協会が発足した。東京放送局は東京中央放送局になるなど三中央放送局間の中継放送網がつながった。続いて、札幌、熊本、仙台、広島の四中央放送局の中継放送網の建設が進み、一九二八（昭和三）年一一月一〇日の昭和天皇の即位礼を契機に七局の全国中継放送網が整った。しかし、この段階ではニュースはすべてローカル向けで、全国ニュースが始まったのは一九三〇（昭和五）年一一月一日だった。仮放送開始から実に五年半余り経っていた。

この全国ニュース開始を機会に、従来のラジオニュースが「放送局編集ニュース」として生まれ変わった。これは東京中央放送局が時事新報から放送部長として迎え入れた矢部謙次郎(3)の発案だった。矢部はかねてからニュースの自主性確立の必要を主張し、そのためにはニュースの素材を通信社から購入し、これを放送局が自らラジオニュースに編集しなければならないと説き、放送協会幹部の了解を得た。この後、各新聞社の編集局長に諮って了承を求め、新聞聯合社（聯合）と日本電報通信社（電通）の双方とニュースの購入契約を結んだ。同時に国民新聞整理部長の宝田通元をニュース部主任に迎え、ニュース編集の統一を図った。とはいっても、放送局の自主取材が認められたわけではなく、通信社から購入したニュースの取捨選択をして、ラジオ向けに書き直して、自前で順番を付けて全国に放送するという程度のことだった。ニュースの初めに通信社名を付けることは変わっていない。このとき、放送番組に新しく「官省公示事項」（行政機関のお知らせ）の時間が加わり、この番組は敗戦後も休むことなく放送された。ニュース時間は一日四回（休日は二回）に増え、たとえば午後七時のニュースは全国向けが一七分、ローカル向けが八分の計二五分になった。

「放送局編集ニュース」が実現し、全国ネットワークが整ったころ、浜口雄幸首相狙撃事件（一九三〇年一一月）はじめ、満州事変（一九三一年九月）、上海事変（一九三二年一月）、井上準之助暗殺事件（同年二月）、団琢磨暗殺事件（同年三月）、五・一五事件（同年五月）と内外で大事件が多発し、ラジオニュースへの関心は一段と高まった。東京中央放送局では通信社から一日十数回原稿便の配達を受けていたが、それでは間に合わず、通信社との間に「同報電話」を設置し、刻々と入電するニュースを「臨時ニュース」として放送した。

新聞社には「号外」があるが、ラジオの「臨時ニュース」には敵わない。しだいに新聞界の放送に対する風当たりは強くなった。満州事変直後に新聞社の幹部の親睦団体『二十一日会』は放送協会に「新聞に対抗するが如き臨時ニュースの中止」を申し入れた。

これに対して、矢部放送部長は「ラヂオは玄関、新聞は奥座敷、新聞の持つ報道の機能と特性を考えると、放送は新聞に対抗するものではなく、共存共栄の立場で互いに補い合っていくものだ」と説明。そのうえで、「放送局編集ニュース」を拡充するためとして、記者クラブへの加入を申し入れた。それから四年後、新聞社側は、放送時間の短縮を条件に記者クラブへの入会を了承した。

しかし、一九三七（昭和一二）年六月、第一次近衛内閣の組閣時には、ニュース係が記者会見への出席を拒否され、内閣のスポークスマンから話を聞いて新閣僚の顔ぶれを臨時ニュースで放送したところ、新聞社側から以後絶対に組閣本部での取材はまかりならぬ、と決めつけられてしまった。

後にNHK会長になった阿部真之助は新聞記者時代の一九三四（昭和九）年に書いた論文「新聞対ラジオニュース」[4]で「（新聞社側からすれば）新聞が刷り出す前に、ラヂオに洗いざらいペラペラやられては、手品師が登場する前に、奇術の種明かしをするようなもので、商売上まずいということなのだろう。……新聞とラジオは敵対関係ではない。……放送に比べ新聞は言論機関として批判の自由がある。……ニュース専門の採取係が、いまもって実現しないのは極めて遺憾だ」と、ラジオの自主取材を促している。

◇新聞社側の「クラブ加入申し入れに対する返事」

謹啓

かねてラジオニュース放送時間問題に関して、貴協会小森専務理事と本会代表者との間に、長期にわたり慎重審議を重ねた結果、放送ニュースが新聞記事のいわゆるアッペタイザーとして放送するべきものにして、新聞並びに通信社と競争的立場においてなさるべきものにあらずとの趣旨に基ずき、貴協会において自発的に現在の一日の総放送時間七五分を五〇分程度に短縮する挙に出られ貴協会創立一〇周年記念に相当する来る五月一五日より実施すべく用意ある旨を承り、これを了承するものに御座候。右は必ずしも本会の満足するところにはこれなく候えども、貴協会が前期放送の趣旨により、ニュース及び類似の放送に関し、あとう限り善処せらるべきを信じ、ここに了解を遂げるに至れるものに御座候。敬具。

昭和一〇年四月二三日

二十一日会幹事

『二十一日会』には緒方竹虎、美土路昌一、高石真五郎、奥村信太郎ら新聞界の錚々たるメンバーが名前を連ねていた。文中のアッペタイザーとは「前菜」とか「食前酒」といったところで、当時の新聞のラジオニュースに対する見方を端的に表している。

ラジオ放送開始から内幸町の放送会館に移転するまでの一四年間（一九二五年三月～三九年五月）、ニュースは愛宕山の東京中央放送局（一九二六年八月までの呼称は東京放送局）から放送されていた。愛宕山時代のニュース担当者山田壮の回想によれば、ニュース係の部屋にはおよそ九〇センチ角の六角机が一つあった。奥の壁の前の一辺にニュースデスク席があり、その左はアナウンサーが原稿の下読みをする席にあてられ、あとの四辺をニュース係が占めていた。机の上には、外線用の電話が一台、緊急ニュース発生の場合、加盟社が一斉に呼び出される通信社との直通電話が一台、さらに東京逓信局との直通電話一台があった。この東京逓信局の電話を通して監督官の許可がなければ一行のニュースも放送できなかった。

ニュースの素材は、同盟通信の場合、まずプリントが伝送員によって運ばれてくる。もとの手書きの原稿が複数の人の手でタイプで打たれている。二通ある原稿をニュースデスクが選別し、放送に取り上げるものだけニュース係に割り振る。ニュース係はカーボン紙を入れて二部のニュース原稿に書き直す。ニュースデスクは加筆したり、削除したりしてナンバーを打つ。一部はアナウンサーが読む原稿、もう一部は放送局の伝送員に持たせ、逓信局に運ばせる。検閲OKとなれば初めて完全な放送原稿となる。もし文中に「放送差し止め事項」に抵触する個所があれば、直通電話で指示がくる。原稿は放送一時間前に逓信省の検閲を受けなければならなかった。

ニュース以外の放送番組についても逓信省の監督は厳しく、たとえば、政治問題に関するものや広告放送に類するものに対する発言の中止または放送遮断の措置がとられた。一九三〇（昭和五）年八月の例では「先般『朝ノ修行』放送中、時事政治問題ヲ批判スル如キ事項ニ及ビ、遮断措置ヲ要スルニ拘ワラズ、東京以外ノ放送局ニ於イテ其ノ儘放送セラレタガ……コノ種ノ事故ニ就イテハ凱切ナル措置ヲ講ゼラルル様」にと要請している。

「わずかに残っている統計によれば、放送遮断は、一九三一、三二両年度中に二六本の番組で四〇回、一四分三六秒間行われた（東京）。遮断の理由は『宣伝ニ亘ル』が一八例と多く、『政治批判ニ亘ル』が三例、軍事行動に触れたものも二例あった[5]」。

放送協会では「放送局編集ニュース」と同時に、放送用語調査委員会を設け、外部の専門家を招いて、放送にふさわしいことばの検討を開始した。「放送とことば」の研究に当たったアナウンサー菊谷彰は「地名や人名、歌舞伎の外題などの難読漢字に泣かされた。スポーツや式典の実況放送にも苦心

夏の甲子園大会を初めて実況中継

「東京放送局（JOAK）がラジオ放送を開始したのは大正14年3月であるが、この年はじめて大阪放送局（JOBK）が午前5回、午後9回にわたって甲子園大会の試合経過を電波にのせた。いまでいう近畿圏のローカル放送だが、昭和2年の第13回大会（8月13日土曜日—引用者）ではじめて、ナマの実況放送が全国中継された。」（『朝日新聞社史』）。このとき中継放送されたのは札幌一中対青森師範の試合で、午前9時5分から始まり、延長12回の末、札幌一中が勝った。

この放送を担当したのは銀行員出身で市岡中学の7番3塁手として第2回大会に出場したことのある魚谷忠アナウンサーだった。魚谷は野球の経験を買われて実況中継の担当に起用されたのだが、アナウンサー歴まだ1年余りで短く、しかも初の野球中継で手本になる先輩がいないため、米国帰りの朝日新聞記者から大リーグの実況放送の様子を聞いて参考にしたという。

この中継放送にはもう一つ、逓信省の検閲の問題があった。野球の実況放送では、演芸や講談のように事前に台本やあらすじを提出することは不可能で、結局、球場内の放送席に大阪逓信局の係官を同席させ、係官がアナウンサーを監視し、不都合な発言があれば瞬時に放送を遮断できる電波遮断器を備えていた。

した。なかでも、宮中関係の式典では、最大級の敬語表現が要求され、厳しい検閲制度のもと、一字一句もゆるがせには出来ず、神経をすり減らした。……昭和一〇年代の日中戦争、太平洋戦争と続く社会情勢の変動も拍車をかけて、放送のことば、とりわけアナウンスは、いわゆる雄叫び調にならざるをえなかった(6)」と語っている。当時の尋常小学校国語読本に「ラヂオは正しいことばを話します」と教材に使われたというエピソードもある。

2 日中戦争後は同盟とともに〝報国〟

日本放送協会は「放送局編集ニュース」を全国に放送するようになり、陣容も整えられ、矢部謙次郎、宝田通元のほかに、報道部長に東京朝日新聞から「アサヒグラフ」編集長だった成澤玲川を迎え報道を強化した。そこへ国策通信社同盟通信が誕生した。

「ニュースソースは、政府のあっせんと協会の大口出資のもとに生まれた国策的な通信機関、同盟通信社からの提供によるものであり、したがって時局関係ニュースの内容には多かれ少なかれ、国家の情報宣伝政策にもとずく国家意思が加えられ、国民はニュースを聞くことによって、時局に動員されていたともいえる(7)」。

その同盟通信社の誕生について、元共同通信記者田邊純は『松方三郎とその時代(8)』でこう記している。

「一九三六(昭和一一)年一月、熾烈な競争を続けていた聯合通信と電通が政府の仲立ちによって合併し、社団法人同盟通信社が発足した。強力な通信社を欲していた政府の思惑であった。……聯合時代の施設に加え、電通の長大な通信線や新鋭通信施設が統合され、一躍、国家代表通信社としての体裁を整えた。加盟新聞社も五五社から一九一社と飛躍的に増加した。同盟通信社は日中戦争が拡大するなかで、国家から財政支援を受けながら成長を続けた」[9]。この加盟社一九一社のなかに、日本放送協会と朝鮮放送協会の二社が入っている。

望月圭介逓信、広田弘毅外務両大臣名による設立者総代田中都吉中外商業新報社長に対する命令書には、同盟は解散や合併、役員の人事、総会の決議、収支決算など、すべてを主務大臣に報告し、認可を受けるべきことが明記されている。「この命令書が国策通信社としての同盟がたどる道を発足当初から示していた」[10]。それは日本放送協会設立時の命令書と類似している。逓信省は「五年以内に全国どこでも鉱石ラジオが聞けるように」と義務付け、その経費と責任は放送協会に負担させることにした。放送協会の幹部の報酬や常務理事の選定は逓信大臣の認可を必要とすることも定めていた。逓信省が発表した放送協会の新役員は半数の八人の常務理事が逓信省出身者で占められていた。

同盟通信がスタートした年の一二月一二日、西安事件が突発した。これは満州の支配者だった張作霖の子、張学良の軍が蔣介石を監禁した事件で、「同盟」の世界的なスクープだった。スクープしたのは松本重治だった。続いて翌一九三七（昭和一二）年七月七日、日中戦争が起こる。その時の同盟の取材体制は強力なものだった。

「同盟通信も戦時体制を整える。中国には二総局三〇余局の支局を設置、のべ一〇〇〇人の総支局要員、前線班を送り込んだ。一九三八（昭和一三）年一月、北京に北支総局（総局長　古野伊之助常務理事）、上海に中南支総局（総局長　松本重治）を設置した。『支那事変の報道こそは同盟がその人的物的のあらゆる能力を傾け尽くしたものである。皇軍の征くところ陸に海に空に、必ず同盟の『前線班』が従軍する。』」（『同盟の組織と活動』昭和一六年版）。「『同盟』従軍班の役割は、戦況の報道とともに軍隊にニュースを提供することだった」[11]。

一方、同盟からニュースの提供を受ける日本放送協会に対して、東京逓信局放送部長柴橋国隆は、「単に目のニュースたる新聞記事の材料として編集された同盟通信に言葉ないし表現の変化を与えて之を耳のニュースたる放送ニュースに書き替えるだけでは不十分だ。つまり放送ニュースは第三者的報道の態度を改め素材の適否を十分検討し日本的枢軸的且つ政府的という主観的立場に立って編集し直す気持が肝要である」[12]と厳しく干渉している。

『共同通信50年史』には国策通信社の理念として、自ら墨書した「報道報国」の額の前であいさつする同盟二代目の社長古野伊之助の写真が載っている。日本放送協会の小森七郎会長が常に「放送報国」を唱えたのと軌を一にしている。

3 戦時下のニュース編集担当者

ＮＨＫ放送博物館に現在残っているラジオニュースの原稿は、大正天皇のご葬儀、皇太子（後の今上天皇）のご誕生、日中戦争のぼっ発、太平洋戦争の開戦と終戦などごくわずかしかない。敗戦直前、内幸町放送会館の周りは一週間にわたって終日、焼煙が絶えなかったと伝えられ、ラジオニュースの原稿も大部分が灰になったものとみられている。そうしたなかで、一九八八（昭和六三）年八月一五日、ＮＨＫのニュースは「戦時中の貴重なラジオニュース原稿見つかる」と次のような放送をした。

「これまでほとんど残っていないと思われていた太平洋戦争当時のラジオニュースの原稿がまとまった形で見つかりました。検閲など制約の多かった当時のニュースの実態を知るうえで、貴重な資料として注目されています。原稿は東京都内の古物商の倉庫で見つかり、このほど東京港区のＮＨＫ放送博物館に届けられたものです」。

古物商の倉庫で見つかったのは、一九四三（昭和一八）年九月一日、二日、三日、四日、九日、一三日の合わせて六日分で、それぞれ一日分がそっくり放送時間ごとに千枚通しで穴をあけ、こよりで綴じてあった。原稿はいずれも同盟通信の配信を基にしたもので、タイプで打たれており、ニュース項目は全部で四〇〇余りあった。内容はほとんどが戦況を伝えるニュースで、この間、上野動物園で行われた猛獣の慰霊祭のような街だねと称する町の話題は一本もなかった。

また、皇室関係であることを示す「宮廷注意」、逓信局の検閲で放送を取り止めた「依命中止」のゴム印を押された原稿も混じっていた。四三年九月の上旬は、日本軍の敗退が加速され始めた時期だった。ガダルカナル島から日本軍が撤退（当時これを「転進」と表現）し、北のアッツ島では五月二九日、日本軍が全滅（当時これを「玉砕」と表現）した。九月一日は小笠原諸島の東一〇〇〇キロの南鳥島が空襲された日だった。この六日分だけ、どうして古物商の倉庫に眠っていたのか、理由は分かっていない。

このニュースの編集に「私も参加していた」という柳澤恭雄は次のように当時を振り返る。

「九月一日未明の南鳥島空襲の大本営発表は午後六時一五分、ラジオはその一五分後に臨時ニュースで流し、七時のニュースではトップで報じている。夜九時のトップは、南太平洋での苦闘を伝える参謀談話であった。参謀は『アメリカ軍の優勢な航空兵力と迫撃砲の為に日本軍は転進を余儀なくされている。銃後を打って一丸とする生産体制を一刻も早く確立しなければ、アメリカ軍の反抗を挫折させることはできない。』と呼びかけている。二日朝七時のニュースは、トップが海軍戦没者関係の論功行賞、以下、訪日中のタイの陸軍中将に対する叙勲、中国大陸の戦況、ビルマ関係と続き、そのあとドイツの八月中の戦果とイギリス空軍のベルリン爆撃を報じている。そのあと国内ニュースに戻り、南鳥島空襲について上田内務省防空局長の『空襲に対する心構え』を流している。しかし扱いは小さく、『警戒警報は今後頻繁に発令されるだろう』という部分はカットされている。前夜九時のトップだった参謀談話は姿を消した。イタリア降伏のニュースは九日午後三時のニュースで報道されたが、夜七時では日本軍の戦果の後におかれた。一九四七年版の『ラジオ年鑑』は、当時のニュースの編集方針として『聖戦完遂が優先し、ニュースのオーダーも、まず戦況と宮廷関係が同列の扱いを受け、次いで国策、東亜の建設状況、社会、外電という配列になっていた』。」と書いている[13]。

これを読むと、少しでも戦意喪失につながるニュースは国民に知らせないようにしていたのがわかる。未明に空襲された南鳥島は当時の飛行機だと三時間で帝都に達する距離にある。衝撃を受けた大本営は、仕方なく、夜になって警戒警報を出した。

さらに柳澤は検閲を通すため自己規制をしたことを認め、「戦時下の放送局、ニュース報道は、本来あるべき姿の対極にあった。私はその中で仕事をしていた。大本営発表を放送し続けた。それを反省する私の『戦後』は終わることはない」と語った言葉を筆者は何度も聞いている。具体的にはどんなものだったのか。

「自己規制の例を挙げる。たとえば昭和二〇年七月、ポツダム宣言の報道について、はじめは政府の方針で小さく扱えという。したがって部分的にしか取り扱わない。ポツダム宣言が受諾されると、宣言の全文を伝えてよいことになった。八月一五日に玉音放送のあとで、このニュースを出したが、私はデスクとして宣言を削ったり、書きかえたりした。ニュース時間に制限があるから短くしなければならない。ここで自己規制をする。捕虜虐待の罪について、和らげて報道した。外地の俘虜収容所でもニュースを同時に聞いているから、軽挙妄動されないかとおそれた。それで戦争犯罪人（BC級）の処刑をいきなり伝えるのは衝撃過ぎると思った。したがって、後日のニュースで、時間をかけて正確に報道した。ラジオは南北各地の軍隊向けのニュースであることをたえず意識していた。……昭和二〇年八月一〇日、憲兵隊が海外放送の部屋を捜索したのも、降伏申し入れのニュースを聞いた外地部隊からの通報によってである。さらに、戦意高揚、盡忠報国、聖戦完遂、滅私奉公などの戦時下の激励文句をニュースの中に加えた。軍国調をあおる協力である」[14]。

この「ポツダム宣言」の削除や書き換えの部分について、戦時下のラジオ放送の研究で知られる竹山昭子は「日本放送協会におけるニュース・リライト（編集）の段階での政府への積極的同調の姿勢」を指摘している。「例えば、『ポツダム宣言』には、『吾等の俘虜を虐待せるものを含む一切の戦争犯罪人に対しては厳重なる処罰を加えらるべし。』という文言があるが、放送では、傍線の部分『吾等の俘虜を虐待せるものを含む』を削除し、さらに『戦争犯罪人』を『戦争責任者』と書き替えて放送した。この個所の英語の原文は『war criminals』である。Criminalは〝犯罪人〟であり、これを〝責任者〟としたのはまことに意図的といっていいだろう。

同盟通信からのゲラ原稿は原文のままであり、問題の箇所も〝戦争犯罪人〟となっているところをみると、この書き替えは放送局側の判断ということになる」。また、「カイロ宣言」についても、日本を非難する語句「野蛮なる敵国」や「暴力および貪欲により」などを削除して放送していることを確かめ、そのうえで、竹山自身が柳澤ら三人の担当者に直接聞いたところ、三人は「放送協会の報道部員の判断で行った」ことを証言し、さらに、逓信局の検閲で問題になることはほとんどなかった、という証言も得たという。書き替えを行ったのは、いずれも刺激をやわらげるための意図的リフォームで、「インパクトが強すぎる表現だから」「「敗戦のショックをやわらげるために」「それまでは勝っているといっていたのだから、国民や軍隊に刺激を与えないために」「戦争犯罪人ではきつすぎる」と語ったという。そこで竹山は「当時の言葉でいえば『放送報国』である。国策通信社である同盟の配信を受けながらさらなる同調をしたのは、この放送報国を体現したものであったといえよう」と結論付けている。(15)

もう一つ、敗戦の日のニュース編集を残された資料(16)から分析し、「原爆の残虐性、非人道性についての言及が避けられているように見える」と、NHK放送文化研究所メディア研究部の大森淳郎が『放送研究と調査』の「国策的効果をさらに上げよ―同盟原稿はどう書き換えられていたのか―〈前編〉〈後編〉(17)」で、検証している。その視点は、日本の放送は、「政府の管掌」下にあったから、戦争協力はいわば当たり前で仕方がなかったとされてきたが、「その『仕方がなかった史観』を乗り越えて軍・政府の方針を放送現場が内面化し、ニュース、番組に具現化していった」として、戦時下のニュースにメスを当てている。ここでは、そのなかから一例として、敗戦の日のニュース編集を取り上げた。対象となったのは三つの事例で、いずれも同盟の配信原稿と放送文を比較しながら行われた。

事例1では、広島を視察した理化学研究所の仁科芳雄の談話を伝えるニュース(八月一四日配信、一五日放送)のなかで、「残虐非道の殺戮」の文言が削られていることを挙げている。

事例2では、「共同宣言受諾　平和再建の大詔渙発」という同盟の原稿が基になったニュースのなかで、「残忍凶暴な新兵器原子爆弾は遂に我等の戦争努力の一切を烏有に帰せしめた。」「全国都市は更に焦土化され無辜の老幼婦女子に対する残虐な大量殺戮が加えられようとしていた……」の二ヶ所が削除されていることを指摘している。

事例3では、天皇の決断について語り、国体護持を呼びかける貴族院議長徳川圀順《くにゆき》の談話で、「我が広島市は一瞬にして壊滅に瀕し十数万に及ぶ無辜の老幼男女は殺傷せられた。実に人類史上未曾有の大惨事であって我々は今更ながらこの残虐行為に無限の憤激を覚える……」の部分が同盟原稿から放送文では削除されていたことを取り上げている。

結論として、原爆の残忍性に触れたニュースが皆無とは言えないとしつつも、「全体を見るとき、原爆被害の実相を伝えることに消極的だったという印象はぬぐえないのだ」として、「国家の敗北という事態の前では、広島、長崎の原爆被害も相対化されたのか。戦争犯罪と同じように『和らげて』放送しようとしたのか、あるいは原爆被害の大きさを強調することを日本政府が好まなかったからなのか。それとも報道現場の忖度すべき対象が、日本政府・軍から来るべき占領軍に移り始めていたからなのか。今、断定することはできない」としている。

二　本土決戦前のラジオ

1　陸相、マイクで〝一億特攻〟を要請

清沢洌（一八九〇年二月～一九四五年五月）は、一九四五（昭和二〇）年の年が明けると、「本土決戦」がまことしやかに唱えられ、やたらに特攻魂、一億総討ち死にの決意が強調されたと『暗黒日記』に記す。「若き力を結集　戦争一途に動員活用　文相談」（毎日新聞一九四五年二月一二日付）とか「皇国を背負ふ青年」（同二月二〇日付）という活字が並び、同盟通信（三月二日）はグルー米国務次官が「日本の力を知れ」「一世代戦争も戦い抜く敵」とリスボンで演説したことを伝えている。[18]

ヨーロッパでは、一九四三（昭和一八）年九月八日のイタリア降伏に続いて、一九四五（昭和二〇）年五月七日、ドイツが連合国側に無条件降伏した。ヨーロッパの戦争終結とともに、連合国側は全力を対日戦争に集中した。ドイツ降伏の翌八日、米大統領トルーマンは対日降伏勧告の声明を発表した。ホワイトハウスでは、海上封鎖と爆撃だけで日本を無条件降伏させるのに十分だとする説と日本進攻論が対立した。トルーマン大統領が日本進攻論に同調した結果、第1章二の2でも一部触れたようにオリンピック作戦として、九月一日を期して九州進攻作戦を展開し、コロネット作戦として翌年三月一

日に東京湾上陸を想定し、準備が始められた。それは「ノルマンデイ作戦を凌駕した」といわれるほどの大規模なもので、三六個師団一五三万二〇〇〇人に航空隊、海軍、補給部隊を加え、日本を壊滅させるために必要な人員を五〇〇万人に達するとみていた。米国軍の戦死者数をドイツとの戦いの三倍に当たる五〇万人と見積もった。

これに対して、日本側は大本営が「本土決戦計画」を策定し、米軍の本土上陸の時期を一九四五（昭和二〇）年一一月初旬、上陸地点は南九州と想定し、関東上陸を翌年三月とみて、陸軍二〇〇万人、海軍五〇万人の動員にかかっていた。

これに伴って、同四五年六月二三日、政府は戦える国民すべてを兵役に編入するという「義勇兵役法」を公布し、即日施行した。これは本土決戦に際して、男子は一五歳以上六〇歳まで、女子は妊産婦などを除いて一七歳以上四〇歳までを義勇兵として、また、その他の国民も志願によって服務させるという法律だ。義勇兵は必要に応じて国民義勇戦闘隊に編入される。戦闘隊の任務は「情勢が緊迫すれば、戦場になるべき地域の国民義勇隊は軍の指揮下に入り、それぞれ郷土を核心として防衛、戦闘などに任ずる戦闘隊に転移する」ものとされていた。

この日午後七時のラジオ「報道」の時間に続いて、阿南惟幾陸相がマイクの前に立ち、国民一人ひとりに文字どおり〝一億特攻〟を要請した。そのなかで、国民によって編成された国民義勇戦闘隊は軍と一体となって本土決戦を戦ってもらいたいと説いた。陸軍大臣のこの要請は翌朝の週間録音の時間でも再放送され、夜には「国民義勇隊の歌」（情報局制定）がラジオで発表された。この歌はその後、ラジオの定時番組「国民合唱」で繰り返し放送された。それだけでなく、七月二日から四日間にわたり、毎夜九時から国民義勇戦闘隊について情報局提供の資料を基に放送員（アナウンサー）が詳しく解説した。一日目は「国民義勇隊とは」、二日目は「義勇兵役法とは」、三日目は「国民義勇戦闘隊は何をするのか」、四日目は「国民義勇戦闘隊の編成」という順で、国民義勇戦闘隊の戦闘任務や指揮命令系統について国民への浸透を図った。

本土決戦が予想される内地では、〝一億特攻〟は単なるスローガンではなく、大本営陸軍部では以下のように一人一殺を促す「国民抗戦必携」を作り、全国に配布するとともに放送された。

「銃、剣はもちろん、槍、竹槍から鎌、玄能、出刃包丁、鳶口に至るまでこれを白兵戦闘（近接戦闘）兵器として用いる。刀や槍を用ふる場合は斬撃や横払いよりも背の高い敵兵の腹部目がけてぐさりと突き刺した方が効果がある。ナタ、玄能、出刃包丁、鳶口、鎌を用いるときは後ろから奇襲すると最も効果がある、格闘になったら『みずおち』を突くか、睾丸をける、あるいは唐手、柔道の手を用いて絞殺する。一人一殺でよい……」。

「国民抗戦必携」には、このほか射撃、手りゅう弾投げをはじめ、対ガス、対空挺隊、対火えん放射器の戦闘法の解説があり、これも合わせてラジオで連日放送された。

それから、一ヶ月余りで八月一五日を迎え、「鳴り物入りで登場した国民義勇隊も、実際には戦災の焼け跡の片づけや勤労奉仕に出動する程度の活躍にとどまった(19)」のは、本土決戦で双方に多大な犠牲者が出なかっただけ、国民にとって救われたといってよい。

2　国民生活は崩壊寸前

連日のように日本列島の空を脅かす米軍機は、日を追って機数が増え、一九四五（昭和二〇）年三月の空襲では延べ機数約一六〇〇機だったのが四月には約二九〇〇機、五月には約三八〇〇機と急増している。このころは、ボーイングB29（爆弾四・五トンを積んで航続距離が五二〇〇キロある）はサイパン島や中国大陸の成都基地からレーダーで容易に日本の目標に到達することが可能だった。

敵機が来襲すると、警戒警報はブザー連続三回の後、たとえば「関東地区、関東地区、警戒警報発令。東部軍管区情報、マリアナ基地を発進せると思われる敵B29大型数梯団は、その後、駿河湾上空を北上し、京浜地区に向かうもののごとし。関東地区、警戒を要す」というような形で放送された。空襲警報のブザーも三回で、「東部軍管区情報。空襲警報発令。敵B29大型数梯団は、東京上空を旋回中なり」と放送された。また、防空情報は、敵機が軍管区内から離脱した後までフォローし、その行動を伝えた。警報のブザーは、当初、一声二〇秒の連続音だったが、敵機が頻繁に侵入するようになって一声五秒に短縮された。

防空情報の放送には、陸、海二つの系統があり、侵入機発見が陸上で行われた際には陸軍の五つの軍管区がこれを発表し、海上の場合は横須賀、呉、佐世保の海軍鎮守府と、大湊、舞鶴などの海軍警備府が発表に当たった。

放送は空襲の激化につれて警報が主体となり、ラジオ番組はしばしば中断され、編成どおりに運ばなくなっていった。また、ラジオの中継線は機能が衰え、事故障害が続発するようになった。全国にある軍管区司令部には放送室が置かれ、空襲があると、放送協会から派遣された放送員(アナウンサー)が放送に当たっていたが、警報の発令が遅いことや空襲を受けている場所や敵機の進行方向の地名が具体的でないといった不満が絶えなかった。新聞各紙には『高射砲の射撃を開始せり』と放送したときには、すでに射撃がおわっていた」とか「房総を通過とラジオが放送しているとき、敵機は東京上空に侵入していた[20]」といった苦情の投書がたくさん寄せられていた。

東部軍管区に詰めていた藤倉修一放送員(アナウンサー)は「敵機が刻々と近づいてくるのに、若い参謀殿が鉛筆をナメナメ、情報案文を書いたり、消したり、この間、五分や六分はぱっと経ってしまう」と回想している。

戦争末期、東京をはじめ大都市の住民は、縁故を頼って続々と地方に疎開していた。東京都の場合、その数は二〇〇万人だったといわれるが、長年住み慣れた土地を離れられぬ人や地方に縁故のない人は都会に残り、夜は灯火管制の暗い電灯の下で、鉄帽、防空ずきん、退避用の雑のうを枕元に置いて仮眠をとる状態だった。家々では庭の片隅に防空壕を掘って、空襲に備えていた。東京では銀座、日比谷、新宿、浅草などの繁華街の表通りにも通行人のために退避壕が設けられていた。

敵機が頻繁にやってくるようになると、空襲から少しでも早く身を守るには、爆音によって敵機か味方機かを識別する必要が出てきた。そこで、「ぜひ聞き分けよB29の爆音」と題して放送している。「B29は四発機であり、味方機は双発または単発だから、その音が四発であるか、双発以下であるかを区別すればいい。B29のような四発になると、音はウン…ウン…というふうに聞こえる。四発機では音源が四つになるから、うなり形も複雑になってくる。すなわちウン…ウン…ウン…というふうにうなりの聞こえる部分とうなりの聞こえない部分の時間が一対三の割合で規則的に連続する。ウンとウンの間に三拍子休止が入っているように聞こえたらB29と思って差し支えない。……」[21]こうしてB29の擬音による爆音や実際のエンジン音を録音したものを度々放送している。

この時期ほど、ラジオが大切に取り扱われたことはなかった。ラジオの故障はすなわち防空情報の停止であり、それは、空襲下の生命の安危につながった。和田信賢放送員（アナウンサー）は「戦争中ラジオがどこの家庭でも絶対になくてはならないものにされたのは、一つに警報放送を聴《マ》く《マ》ためであった。これほど真剣に聞かれた放送は日本の放送史始まって以来なかったことである」と書き残している。

しかし、肝心のラジオ受信機が東京や大阪でおよそ三軒に一軒が、名古屋で四軒に一軒が、広島で五軒に一軒が空襲により焼失や破損して聞くことができなくなってしまった。[22]それなのに、真空管やその他の部品が民需用資材の切り捨てで生産できず、ラジオ受信機そのものの生産台数は一九四三（昭和一八）年が五六万五〇〇〇台だったのに対して、一九四四（昭和一九）年は七万二〇〇〇台に、一九四五（昭和二〇）年は八月までに二七八七台に激減している。新聞は夕刊が廃止され、朝刊も二頁になっていた。

放送協会では警報発令とともに被災地に出動してラジオの共同聴取ができるように全国の各都道府県に「ラジオ班」を設け、地区班を全国の警察署に置いていた。そこには協会職員のほか協会指定のラジオ店やラジオ業者による班員七人程度が詰め、停電中でも共同聴取できるように機材を整えていた。同四五年五月二五日の東京空襲の際には、「ラジオ班別動隊」を組織して、五月三一日まで京浜地区の被災地に派遣している。この時はサイドカーやオート三輪にラジオと拡声器を積んで被災地に急行し、機材をセットして警報を聞くことができるようにした。さらに、「罹災者の心得」(内務省発行)というパンフレットを配布し、罹災証明の手続きや配給の受け方などを放送協会の放送員(アナウンサー)がスピーカーを通じて伝達した。周知したのは次のような生活に密着した内容だ。

・ラジオ放送ニヨル報道
・区役所ヨリノ各種食糧物資配給事項
・煙草専売局ヨリ罹災者ニ対スル煙草、塩ノ特配事項
・列車及ビ省線、社線ノ運転状況及ビ列車乗車手続キ
・警察当局ヨリ示達事項
・逓信局ヨリノ郵便貯金払出方法ソノ他
・父兄ヲ失エル学童ノ集団受付方法

「罹災地区ヲ中心トスル広範囲ノ地域ハ放送聴取不能箇所続出シ警報、情報ノ聴取不能ニ基ク民心ノ不安日ニ増大シ一時流言蜚語ノ横行スラ懸念セラルルノ状態トナレリ。」

一九四五（昭和二〇）年六月八日、最高戦争指導会議に次のような報告書が提出された。「食糧ノ逼迫ハ漸次深刻ヲ加ヘ本端境期ハ開戦以来最大ノ危機」と記している。続く「民心ノ動向」のなかで「軍部及ビ政府ニ対スル批判逐次盛上リアリ。トモスレバ指導層ニ対スル信頼感ニ動揺ヲ来シツツアル傾向アリ」と文字どおり、軍部や政府への批判を恐れてのものだった。事実、空襲下の食生活は乏しく、貧しい限りだった。東京ではすいとんや雑炊が食べられればいい方だった。さつまいもの茎は油でいためて副食にされ、タンポポやアカザのような食べられる野草はすべて食膳に上がった。ラジオも新聞も野草の見分け方、食べ方を教えていた。このように、国民生活はもはや崩壊に瀕していた。被災者は町にあふれ、都会の防空壕生活はめずらしくなくなった。

東京では、横穴壕で診療所を開業する医師もあり、防空壕から工場に通う人、出征する人も増えた。防空壕で雨露をしのぎ、B29におののき、ヤミ物資の買い出しに精魂をすりつぶす生活はすでに日本の最後を象徴していた。

その結果、ラジオが空襲警報を放送しても防空壕に入らずに空を見上げる人が多くなってきた。それだけでなく戦意を喪失していた。警視庁消防部は「民防空（一般国民の防空）ハ最近ニ於ケル徹底且大規模ナル空襲ニ其ノ戦闘意識ヲ殆ンド喪失シ居リ為ニ初期防火全ク行ワレズ……」と初期消火がまったく行われなくなったことを嘆いている。

3　放送局の被災と犠牲者

放送協会の施設も空襲を免れなかった。一九四五（昭和二〇）年三月二三日、三五五機の米軍艦載機が沖縄本島を襲う。米軍の上陸によって戦場となった沖縄放送局では、放送機にロケット弾の直撃を受け、放送不能に陥った。六人の職員が犠牲になった。五月一四日、B29四四〇機が名古屋に焼夷弾攻撃を加え、名古屋中央放送局はスタジオや事務室が焼失して放送不能となる。翌日には東海軍管区司令部の放送室から放送を再開した。七月四日には高知、徳島の両放送局が焼夷弾の攻撃で建物と機材の大部分を焼失、七月二〇日から八月六日にかけて銚子、津、水戸、川内（鹿児島県）、宇和島の臨時放送所が全焼し、長岡臨時放送所では空中線が損傷した。

広島中央放送局は、八月六日の原爆投下で建物が半壊状態になり、二つのスタジオは爆風で破壊された。この被災で職員四〇人が犠牲になり、前夜から集まっていた各局の放送局長のうち、鳥取放送局長が被爆、後日死亡した。放送局の玄関前に並んでいた人々も全員が死傷した。放送局の加入課が入っていた中国新聞ビルの五、六階も爆風とともに炎上している。

長崎放送局は八月九日の原爆投下で局舎が損傷を受け、アンテナが垂れ下がった。幸い、放送機は爆風よけの土のうに守られて無事だったが、自家発電装置がなく、四日間放送不能になった。原爆による職員の犠牲者は三人だった。

対日宣戦を布告したソ連の軍隊は八月九日未明、国境を越えて満州、朝鮮、樺太、千島で進撃を開始した。戦闘は一八日まで続き、日本軍の八万人が戦死、五九万四〇〇〇人が捕虜となってシベリアへ送られた。ソ連軍の急襲で、満州北部の佳木斯《チャムス》放送局では、「君が代」の演奏とともに局舎の爆破作業を行い、興安放送局では、一部職員がソ連軍戦車の前に玉砕した。

八月一三日、ソ連軍は朝鮮半島北東部の港湾都市清津に迫った。朝鮮放送協会の清津放送局では、浦登局長以下一二人の職員とその家族全員が自爆玉砕した。その最後の模様について、重症を負いながら隣の咸興放送局にたどり着いた浦局長夫人（その後、死亡）に聞いた話が残っている。

「日本人職員とその家族全員が参集、避難か死守かを協議、放送機能を失った放送局死守の無意味なことから徒歩で全員避難することを決定した。その準備の最中、約一個中隊の放送局守備隊が到着した。中隊長は浦局長に対し、ソ連軍が国境を突破して朝鮮内に侵入したが、有力部隊が現地に急行中なので安心して持ち場を守るように伝えた。そのうちに敵の銃砲弾は、放送局周辺に降り注ぎ始め、もはや徒歩避難など思いも及ばない。浦局長は中隊長に対し、せめて家族だけでもトラックで咸興放送局に避難させてくれと懇請したが、中隊長は言下に拒絶し、軍と行動をともにすることを命じた。

中隊長は、局員に武器弾薬を渡して応戦を命ずる一方、放送局舎爆砕のため、女子どもを収容している地下防空壕付近に多量の爆薬が仕掛けられた。局員たちは勇敢に戦ったが、全員が死傷した。中隊長は自ら機関銃を握って奮戦中、重症を負ったが、痛手に屈せず、爆破スイッチに這いより、覆いかぶさるようにしてそれを押した。ごう然たる爆音とともに、局員家族併せて四〇名近い生命は、清津放送局と運命をともにした」[23]。ラングーン放送局の職員四人が戦死、パラオ諸島のコロールでは二人、樺太の豊原で一人が犠牲となった。台湾放送協会では、職員四〇〇人中十余人が南方で殉職した。セレベスのメナド放送局の局舎が砲撃で全壊し、ボルネオのバリクパパン放送局も同様の運命をたどった。

三　八・一五前後の混乱

1　降伏決定を海外に速報

広島・長崎への原爆投下とソ連の参戦は日本の敗北を決定的にした。ポツダム宣言受諾決定については、第1章三3「第一回『聖断』」で簡単に触れたが、極秘扱いだったこの決定を軍部が見張るなかで、同盟通信と放送協会が海外に伝えた意義は大きい。この報道によって、日本の降伏をいち早く世界に知らせることができたからだ。その経緯はどうだったのか。時間を追ってみる。

御前会議が条件付きでポツダム宣言受諾を決定したのは八月一〇日午前二時二〇分。外務省がスイス（加瀬俊一）・スウェーデン（岡本季正）の両中立国駐在公使宛てに訓電を発して、受諾の伝達を正式に指令したのが午前九時だった。このニュースを同盟通信が海外に打電したのが午後八時一〇分だった。続いて午後八時三三分、放送協会のラジオ・東京が放送している。

外務次官松本俊一は日本が宣言受諾決定というニュースを連合国側に速やかに広く伝えることで戦争終結に貢献できると考えていた。その方法として、軍部の検閲なしで放送できる同盟通信を利用することにした。松本が官邸で仮眠していたところ、一〇日午前七時ごろ、陸軍軍務局長吉積正雄が訪ねて来て、こんな会話を交わしている(24)。

吉積「ポツダム宣言受諾は発表するのか」

松本「国内では発表しないが、敵方に通告した以上、敵方が発表しないうちに、ラジオで放送させる」

吉積「それは困る。出先の軍隊に伝わったら大変だ。やめてくれ」

松本「しかし、相手が発表する前に発表するのが常道だ」

ここで松本が言ったラジオで放送というのは、同盟通信の対外無線同報（モールス符号による放送）と放送協会の海外向け短波放送、ラジオ・東京のことだった。宣言受諾決定の情報は、まず、外務省嘱託だった同盟通信記者森元治郎(25)に伝えられ、一〇日昼ごろ、同盟の海外局長長谷川才次のところに持ち込まれた。海外放送用の英文ニュース原稿を用意して待っていたところ、松本から長谷川に連絡があり、午後八時、外務省情報課長太田三郎がポツダム宣言受諾に関する対連合国申し入れの全文を持参した。日本公使を通じて連合国側に送ったものだ。長谷川は社長室に太田と英文部長安保長春を引っ張り込み、安保に「日本政府、ポツダム宣言受諾を決定せり」のリードをつけてタイプで打電させた。

この同盟電は一〇日午後八時一〇分過ぎからの同盟のモールス放送を通じて世界に流された。このニュースは直ちにAP、UPなどを通じて世界を駆け巡った。

外務省の太田は続いて内幸町の放送会館に回り、放送協会の海外局長武藤義雄に事情を話し、同じ訓令の全文をラジオ・東京で検閲を受けないまま午後八時三三分から、日英両国語を使って放送した。三回繰り返し放送したところで、これを傍受した軍部の怒りを買って差し止められた。陸軍大佐親泊朝省が情報局放送課長山岸重孝のところへ血相を変えて駆け込み「けしからんことをしたやつは、ぶった切る」と脅した。放送協会には憲兵二人が立ち入り、対外放送の責任者大屋久寿雄を取り調べ、常時、監視を続けた。外務次官松本も同盟の長谷川も憲兵隊に詰問されたが、松本は「そんな話は閣議で陸軍大臣からしてもらおう」と突っぱねたという。

〈トルーマン米大統領は「一〇日午前七時三三分（日本時間午後九時三三分）に米ラジオモニターは、このニュースがラジオ・トウキョウを通じて公表されるのを聞いた」と後に回想録に書いた。〉このセンテンスは『共同通信50年史』のままだが、連合国では、当時、放送協会の海外向けラジオ放送「ラジオ・トウキョウ」と同盟通信の海外送信「トウキョウ・ラジオ」が双子のように見え、ときに判断に苦しむことがあったようだ。北川節郎著『ピース・トーク　日米電波戦争』によれば、「この時の『東京放送』はトルーマン図書館所蔵の『海軍補佐官ファイル』のコピーによれば、同盟電のことであった」と放送協会の海外放送ではないことを確認している。(26)いずれにしても、米大統領の耳に同盟通信の打電が外務省の訓電より一足早く届くなど、宣言受諾は既成事実となり、日本は終戦交渉に向け大きく踏み出した。『共同通信50年史』は「最後の大スクープ　同盟電　世界を走る」の項目の中で、「この電文が同盟の戦時下最後のスクープとなったわけだが、同盟と外務省の一心同体ぶりを示すエピソードといえるだろう(27)」と記している。

それから四日後の八月一四日、二回目の「聖断」で天皇が「いつでもマイクの前に立つ」と話してから「詔書」の文案を審議する閣議と並行して、情報局総裁下村宏を中心に「玉音放送」の準備が綿密に進められた。

① 「詔書」の真意を、即時、全国、全世界に徹底するため、天皇の放送時刻は聴取率の一番高い正午とする
② そのため、電波の出力を一〇キロワットから六〇キロワットに増力し、普段は昼間送電のない地方にも特別送電する
③ さらに、短波により、東亜放送、海外放送を通じて中国占領地、満州、朝鮮、台湾、南方諸地域にも放送する
④ 当日の新聞は放送終了後の午後一時ごろ配達すること
⑤ 重大放送について予告放送すること

こうして放送された「玉音放送」だったが、中継線の減衰によって雑音が多かったうえ、「詔書」の

難解な字句のため、内容が非常に聞き取りにくかった。「玉音放送」の大きな目的の一つは③だったが、肝心の戦地にいる兵士、とりわけアジアの広い地域に分散する部隊には、終戦の趣旨、命令が十分に伝わらず、なおしばらく抗戦態勢をとる部隊があった。また、一部軍人のなかには抗戦継続を積極的に主張して行動する者もいた。

京城では「玉音放送」の中継の後、市内のあちこちで爆竹が鳴り、銅鑼が響き渡った。京城中央放送局では、朝鮮の民兵に対して、「総督府はアメリカ進駐軍の接収を受けるまで全道の治安維持に当たらねばならない。進駐軍が到着する日まで総督府に協力してもらいたい」と、日本語と朝鮮語で放送した。

新京にある満州電信電話株式会社の放送総局は、八月一五日、東京からの中継が終わると、直ちに北満州の前線部隊に終戦の経緯を放送し、また、在留邦人には及ぶ限りの情報を放送して混乱を鎮めることに務めた。そして、八月一九日、放送総局はソ連軍に接収された。

一方、樺太では、国境を越えて進撃してくるソ連軍を逃れて、豊原付近には避難民が続々増えていた。豊原放送局は、避難民の集まっている公園などに拡声器を備えてニュースや告知放送を続けていた。そして、八月二三日夕方、放送局もソ連軍によって接収された。

2 「玉音放送」は〝敵の謀略〟

八月一五日の「玉音放送」で戦争の終わりを告げたが、軍の抵抗が終息したわけではなかった。東京の上空は、毎日、陸・海軍の飛行機が終戦に反対して爆音高く飛んでいた。放送会館の上空からも「終戦反対」「抗戦継続」のビラが撒かれていた。一方、敵機から身を守るラジオの防空情報は、一六日から一八日まで発令された。いずれも警戒警報だった。最後のブザーは八月一八日午前一一時三七分発令、午後〇時七分解除だった。

作家玉川一郎は「敗戦日記より(28)」のなかで、次のように書いている。

「一六、一七、一八日等　朝来海軍機しきりに飛ぶ。雷電等高度甚だ低し。戦争続行の意思を表示せる横須賀航空隊、皇軍等の署名あるビラ、飛行機により撒布され、或いは電柱に貼布さる。『パドリオを仆《たお》せ』等の文字あり。『皇軍は健在なり、工員諸君よ工場に帰り作業を継続せよ』のビラを見て、工員等動かず。既に工場の多くは15日正午以降操業を停止したればなり。わが飛行機の乱舞、喧嘩すぎての棒ちぎれ、六菖十菊の感強し。温存の無意味を語る人多し」。

「玉音放送」が行われた八月一五日以降のラジオは、しばらくのあいだ虚脱状態で、「時報」「報道」(ニュース)、「官公署の時間(お知らせ)」、「少国民のシンブン」だけを放送していた。放送番組はすでに四月一日の改正で、「報道」(ニュース)が主体になり、一日九回放送するようになっていた。放送開始の時間を午前五時からに四〇分繰り上げ、「報道」(ニュース)が昼間送電のない地域でも聞くことができるようになった。放送終了はこれまでどおり午後一〇時だったが、この間、午前と午後それぞれ三回ずつ合わせて六時間二〇分と大幅な放送休止時間が設けられ、番組が簡略化された。演芸娯楽は昼間二〇分、夜は一時間に短縮された。

八月一七日、東久邇宮稔彦内閣発足。午後七時、新首相の「大命を拝して」をラジオ放送。この日、陸・海軍人に「勅語」が出され、これを東部軍司令官田中静壱大将が奉読した。「汝等軍人克く朕が意を体し、千辛万苦に克ち忍び難きを忍び」て降伏せよという内容だった。八月一九日、灯火管制解除。この日、大本営は、本土方面の陸海軍の部隊（北海道の第五方面軍をのぞく）に対して、「承詔必謹、忍ぶべからざるを忍び、粛々として撤退せよ」として、八月二二日午前〇時をもっていっさいの武力行使、戦闘行為を停止するよう命じた。これを午後七時にラジオ放送。

八月二〇日、東久邇宮首相が午後七時から午後一二時まで毎正時の冒頭に録音で「軽挙妄動を戒める」ラジオ放送をした。八月二二日、大本営は、南方軍・支那派遣軍・関東軍などの海外の陸軍部隊と北海道の第五方面軍に、二五日午前〇時をもっていっさいの武力行使を停止するよう命じた（ただし、中国軍に対してのみは例外だった）。八月二二日になってやっとラジオの「天気予報」が三年八ヶ月ぶりに復活し、喜びのあまり「天気予報の歌」まで作られた。八月二三日に「ラジオ体操」、「少国民の時間」が復活した。

戦闘行為の完全禁止にともなって、関東軍・朝鮮軍に竹田宮恒徳王《たけだのみやつねよし》が、南方総軍に閑院宮春仁王《かんいんのみやはるひと》が、支那派遣軍に朝香宮鳩彦王《あさかのみややすひこ》が宮家から派遣された。

しかし、軍の抵抗は八月末まで続いた。終戦前後に全国の知事、警察、特別高等警察（いわゆる特高）は各地の治安情勢や民心の動向に関する報告書を内務省に提出した。

「長崎県警察部長からの八月二二日付け報告は、長崎地区憲兵隊に於いては、憲兵司令部より何らの指令情報に接せずとし、隊員をトラックに分乗せしめ、同地区管下各市町民に対し『本日のラジオ放送はデマ放送なり。敵の謀略に乗ぜられるな。軍は益々戦備を堅めつつあり。』と口伝せり。之を聞きたる関係市町民に於いては、或いは万歳を連呼する者或いは拍手を以って喜び合う者等ありて、戦意の一端を窺わせたるも、一方においてはいずれが真実なりや疑心暗鬼の状態に陥りたる向き多かりし」。[29]

また、水戸陸軍航空通信隊の約三〇〇人が重臣などの暗殺を言い立て、憲兵司令部の説得で八月二〇日原隊に復帰したが、首謀者数人は自決した。このほか、佐賀県からは計五件七人（未遂一人）の自決事件が報告されており、富山県からは「妻子三人を拳銃にて射殺し（うち一人瀕死の重傷）たるのち、拳銃にて自決した」という報告もある。

大分県警察部長からは「重大発表当日（八・一五）の状況報告」が提出されている。ここでは「軍民を問わず突然の発表に呆然自失の態」であり、「民衆の大部分は予告せられたる重要発表は、ソ連との開戦を契機に国民の奮起を促すものなりとの期待ありたるに全く正反対の内容なりしに茫然自失、事の真偽を疑うものすらあり」とし、大分駅での話として「女子行員は傍らの兵士に対し『その剣で何故やらないのか』と詰問」していたと報告している。[30]

3　抗戦派、川口、鳩ケ谷放送所占拠

「玉音放送」から一〇日目の八月二四日早暁、放送協会の川口放送所と鳩ヶ谷放送所が徹底抗戦派の

青年将校と予科士官学校の生徒らに襲撃された。このため、この日予定されていたラジオ放送は午前六時から九時間ストップする事態となった。八月一五日の内幸町放送会館占拠事件のときは、放送がストップしたのは二時間二一分だったので、関東地方のみとはいえ、占拠によって九時間という長時間の放送停止は放送史上初めてのことだった。

川口放送所は、一キロ離れたところにある鳩ヶ谷放送所とともに、現在の埼玉県川口市の複合施設「SKIP」[31]のあたりにあった。日中戦争後、ともに愛宕山の放送局からの電波を受け、関東地方全域でラジオがよく聴こえるように、川口でラジオ第一放送を、鳩ヶ谷で第二放送をバックアップしていた。川口放送所には、当時、世界最高といわれた三一二・八メートルの大鉄塔があった。

襲撃された日の関東地方は台風の接近で暴風雨だった。その中を陸軍予科士官学校の生徒六七人（年齢一六歳）は、夜間演習と称して駐屯中の埼玉県寄居町の国民学校を出て川口放送所に駆けつけた。引率したのは予科士官区隊長（二〇歳）だった。区隊長は水戸通信学校教官の窪田兼三少佐から声をかけられ、放送所を占拠して全軍に徹底抗戦の激を飛ばそうとした。

窪田少佐は八月一五日に畑中健二少佐らと森赳近衛師団長殺害事件に参加したひとりで、椎崎二郎中佐、畑中少佐と皇居前の芝生でいったんは自刃を決意したものの、徹底抗戦を訴える厚木航空隊機の撒いたビラ[32]を読んで気が変わったという。

一隊は、午前三時、川口放送所に到着し、窪田少佐が宿直の職員に決起の趣旨を述べ、放送を強要した。敗戦当時の川口放送所は敵機に妨害電波を出すことだけで、実際の放送には使われていなかった。職員はそのことを説明したうえ、放送機の故障を告げると、窪田少佐と本間中尉らは矛先を変え、一キロほど離れた鳩ヶ谷放送所に向かった。ここでも同じように放送させるように要求したが、応対した平野計雄、蒲生時雄の二人の職員は放送機の故障を理由に放送を断る一方、隙を見てひそかに川口放送所に連絡して送電を切ってもらった。

窪田少佐らは放送を諦めずそのまま鳩ケ谷放送所の占拠を続けていたが、正午ごろ放送所をこっそり抜け出した職員が大宮憲兵隊に通報したため、まもなく憲兵隊長が着き、続いて東部軍司令官田中静壱大将が到着した。午後五時、窪田少佐と本間中尉は憲兵隊に軟禁され、放送所を襲った一隊は占拠を解いて全員整列し、田中大将から「あくまでも聖旨を奉戴して軽挙妄動を慎むべき」との訓示を受け、引き上げた。

島浦精二アナウンサーは当時を回顧して「平野、蒲生という鳩ヶ谷の所員が、言を左右にしている間に送電を切り、機械故障だといって拒否した。そのまま占拠されてお昼ごろに昼飯に行くといって脱出した所員が大宮憲兵隊に急を知らせている」(33)と語っている。

この騒ぎで、ラジオ放送は午前五時の時報、「報道」(ニュース)、続いて五時五〇分「ラジオ体操」が終わったところで午前六時以降、突然途切れてしまった。このため、放送協会は技術研究所から放送自動車を出動させたが、手間取り午後三時から九時間ぶりに放送再開に漕ぎつけ、午後五時に正常に戻った。

田中大将は、川口放送所から引き上げた夜、東部軍司令官室でけん銃自殺した。八月一五日の宮城事件をはじめ、水戸通信隊の上野山占拠事件、厚木航空隊の示威飛行などの鎮圧の陣頭指揮に当たり、自決の機会をうかがっていたといわれる。

田中大将について、下村海南は自著で「八月二四日には午後予科士官学校の生徒が区隊長にひきいられて、埼玉県川口の放送所を占拠した。田中軍司令官は現場に急行し、峻烈を極めた訓示をした。（略）このときは（八月）一四日夜と同じく単身暴徒の中に飛び込み、次第により大将は凶弾に倒れる覚悟であったらしい。この日の夜二三時一〇分、司令官室でけん銃自殺した。」[34]と記している。

この日の放送について、読売報知東京版（一九四五年八月二五日付）は「昨日二四日　放送局発信施設故障のため　東京をはじめ関東地方一帯に亘って、早朝ラジオ体操以後の放送が長時間に亘って中断されたが、他の地方は大体予定どおりの放送が行われた」と報じている。

この襲撃事件は戦後暫く真相が不明で、陸軍省兵務局の「川口放送所占拠事件」に「本事件は全く通信学校教官窪田少佐の陸軍予科士官学校区隊長以下を煽動したるに原因するものなり」[35]と記録されているだけだった。

軍隊だけでなく、八月二六日夜には、島根県の松江放送局に右翼団体員四〇人が押し入り、決起の放送を強要して放送局を占拠した。これを局長が峻拒したため、彼らは目的を達しないまま翌朝、退去した。

四　降伏文書調印から占領下のラジオへ

1　ミズーリ号艦上で降伏文書調印

八月一五日の後、国民の最大の不安は連合軍の日本進駐だった。マニラにあるマッカーサー司令部からは、米軍の第一次先遣隊がやってくるのは八月二六日と発表されていた。全国にデマが飛び始め、相模湾に米軍が上陸した、大阪には重慶軍が上陸した、金鵄勲章を持っている者は連合軍に逮捕される等々と。進駐予定の前日に当たる八月二五日に情報局総裁緒方竹虎が「連合軍の進駐を前にして」と題して放送したのをはじめ、ラジオは渦巻くデマに対して「占領軍の略奪暴行はありえない」「進駐は調印式の後で、調印の済まないうちは進駐することはない」と人々の不安解消に努めた。

連合軍の進駐は台風のため予定より二日遅れ、八月二八日未明にはアメリカの大艦隊が相模湾を埋め、イギリス艦隊もこれに参加した。午前八時、神奈川県の厚木飛行場にテンチ大佐以下一五〇人が到着し、続いて八月三〇日午前一一時ごろ、米第一空挺部隊がアイケルバーガー将軍とともに到着した。その三時間後の午後二時五分、連合国最高司令官ダグラス・マッカーサー元帥がのちに語り草になるサングラスにコーンパイプをくわえ、搭乗機バターン号のタラップを降り、記者団に声明を発表した。

「メルボルンから東京までは長い道程だった。長いながい、そして困難な道程だった。しかし、これで万事終わったようだ。各地域における日本軍の降伏は予定通り進捗し、外部地区においても戦闘はほとんど終息し、日本軍は続々降伏している」。

日本政府が反乱軍の動きのあった厚木には着陸しないように要請していたが、マッカーサー元帥はそれを無視した。厚木から宿泊先である横浜までの沿道には半月前まで「鬼畜米英」として対峙していた三万の日本軍兵士が捧げ銃《つつ》で迎えた。

九月二日、東京湾に浮かぶ米艦船ミズーリ号上で降伏文書調印式が行われた。その模様を朝日新聞（九月三日付）は次のような紙面構成で伝えている。

まずトップに「誓約履行の大詔渙発」の横見出し（当時の書き始めは右から——筆者）があり、その下に「詔書」の全文を載せている。その左に縦見出しで「重光、梅津両全権　降伏文書に調印す　きのふ午前九時　ミズーリ艦上で」とある。さらにその左側にマッカーサー元帥の前で降伏文書に署名する重光葵外相の写真が載っている。このほか、「敵対行為直に終止」「各国代表署名　降伏文書」「新世界へ前進　米大統領ＶＪデイ宣言」「社説　調印後の関心事」などで一面すべてを埋めている。

フランスのジャーナリスト・レイモン・カルチエ(36)は、降伏文書の調印式に参加する日本側代表団の人選がスムースにいかなかったことを指摘している。東久邇宮首相は天皇の近親であること、代表団員になるなら自決すると公言して憚らない軍人など重要人物がいたことをあげる。結局、全権委員には外務大臣に就任したばかりの重光葵と降伏に反対していた陸軍大将梅津美治郎の二人が引き受け、外交官や士官九人が随行した。

一行は、調印式の日の午前五時、日本政府が本拠地にしていた赤坂離宮を出発した。東京湾は、見渡す限り満艦飾の連合軍艦隊で埋まっていた。一五年前に上海で片足を失った重光は、松葉杖で身を支えながら甲板へ進んだ。後甲板の、緑色のクロスがけのテーブルには、降伏文書調印に必要な筆記道具などが置かれていた。その後方に、連合国軍側の代表が整列していた。

レイモン・カルチェのレポートはリアルで迫真性がある。

「長い五分間が経過した。日本人はじっと涙をこらえていた。マッカーサーが現れた。彼はニミッツ提督とハルゼー提督を従えていた。……マッカーサーは『連合軍最高司令官として、予はここに不動の目的を表明するものである。それは、予が代表する諸国の伝統のなかで、正義と寛容を持しながら、予の責務の解除へ向かうことである。』と述べる。……沖から風が吹いていた。それは、ランスやベル《(ママ)》リンにおける高慢さと憎悪の刻印を残した陰気な夜の儀式とは対照的であり、強く胸を打たれた。日本側立会人の一人、外交官の加瀬俊一の言によれば、マッカーサーはその寛大な霊感によって、戦争のための巨大な機械、ミズーリを〝平和の祭壇〟と化したのである。日本側が調印した。連合国側も調印した。時に午前九時二五分だった。日本人は退艦するとき、舷門で一人の上等兵曹が鳴らす笛と、士官たちの気を付けの敬礼を受けた[37]」。

トルーマン大統領は調印式の後、ラジオ演説で次のように勝利宣言した。

「【ワシントン、二日発、同盟】トルーマン大統領は二日朝ミズーリ艦上の降伏調印式の直後ラジオ演説を行い、日本が正式に降伏した九月二日を「対日戦勝利の日」(VJデイ)と宣言し、次の通り述べた。VJデイは未だ戦争の終結乃至は戦闘の停止を正式に宣言した日とはならないが、われわれが汚名の日(真珠湾の日)を記憶するように、この日を「返報の日」として記憶するであろう。この日からわれわれは安全の新時代を迎える。他の聯合国と共にわれわれは平和と国際的友好及び協力に満ちたよりよき新世界に向かって前進する。真珠湾に始まった文明への強大な脅威はいまや終息した。東京への道は遠く且つ血腥いものであった。われわれは決して真珠湾を忘れず、日本の軍国主義者達はミズーリを忘れないであろう。……原子爆弾を発明しうる自由な民衆は今後に横たわる一切の困難を征服できる一切の精力と決意を使◯(活字が不鮮明——筆者)することが出来よう[38]」。

◇**詔書**

朕ハ昭和二十年七月二十六日米英支各国政府の首班カポツダムニ於テ発シ後ニ蘇聯邦カ参加シタル宣言ノ掲フル諸条項ヲ受諾シ、帝国政府及大本営ニ対シ、聯合国最高司令官カ提示シタル降伏文書ニ朕ニ代リ署名シ且聯合国最高司令官ノ指示ニ基キ陸海軍ニ対スル一般命令ヲ発スヘキコトヲ命シタリ
朕ハ朕カ臣民ニ対シ、敵対行為ヲ直ニ止メ武器ヲ措キ且降伏文書ノ一切ノ条項並ニ帝国政府及大本営ノ発スル一

般命令ヲ誠実ニ履行セムコトヲ命ス
御名御璽
昭和二十年九月二日
内閣総理大臣
各国務大臣

降伏文書は二通作成され、一通は連合国側が保持し、現在米国の国立公文書館（National Archives）に保管されている。日本側が保持したもう一通は、現在外交史料館で所蔵しており、同文書のレプリカ（精密複製）が別館展示室に展示されている。

放送協会はマッカーサー連合国最高司令官の厚木到着とミズーリ号艦上の降伏文書調印式をラジオで実況中継したいとGHQ側に申し入れたが、いずれも拒否された。降伏文書調印式では、当初、日本側取材陣として新聞と放送の二社が割り当てられ、放送協会は担当者を決めて準備をしていたが、結果的には同盟通信の記者二人とカメラマン一人の三人、それに日本映画社のカメラマン一人が代表取材した。放送協会がなぜ外されたのか、不明だ。これを境に日本の放送はGHQの占領下に入っていく。

2　一億総懺悔と言論界

敗戦後、戦争責任論に先手をとって「一億総懺悔《ざんげ》」を打ち出したのは政府だった。東久邇宮稔彦首相は一九四五（昭和二〇）年八月二八日、組閣後の記者会見で「この際私は軍官民、国民全体が徹底的に反省し懺悔しなければならぬと思う。全国民総懺悔することがわが国再建の第一歩であり、わが国内団結の第一歩と信ずる」と語った。(39)

さらに九月五日の第八八回帝国議会の衆議院での施政方針でも「敗戦、因って来る所はもとより一つにして止まりませぬ。前線も銃後も、軍も官も民も悉く静かに反省する所がなければなりませぬ。われわれはいまこそ総懺悔し、神の御前に一切の邪心を洗い浄め、過去を以って将来の誡めとなし……」と演説した。いわゆる一億総懺悔論である。「玉音放送」でも戦争責任について触れていない昭和天皇への問責をかわす狙いがあったとみられるが、議場で異を唱える声はなかった。(40)

東久邇宮は敗戦の責任をとって辞職した鈴木貫太郎首相の後継として、初めて皇族の中から首相に任命されたのだが、ＧＨＱとの対立から五四日間で内閣総辞職した。

言論界の動きで衝撃なことと言えば、毎日新聞西部本社が敗戦の日から五日以上、終戦の詔書と公的機関の発表・事実経過を掲載しただけで、二頁しかなかった紙面の一面に隙間ができ、二面も八月一五日、一六日、一七日は全面白紙のまま発行したことだ。この時の編集局長は重役待遇でもあった高杉孝二郎で、高杉は「その日まで戦争を謳歌し、煽動した大新聞の責任、これは最大の形式で国民に謝罪しなければならない」として、「本社は解散し、毎日新聞は廃刊、それが不可ならば重役ならびに最高幹部は即時総退陣する」ことを辞表を添えて社長に進言した。[41] この白紙発行に対して、一ヶ月後、毎日新聞会長の高石真五郎は高杉に宛てた手紙で、「西部本社の取った態度については、小生、ただ呆然として解するを得ず。……余りの常軌を逸せるものとして弾劾を禁じ得ざりし次第……」と怒りを表している。毎日新聞では、この後、社長ら幹部が交代した。高杉は、当時四五歳で、この年の八月二九日、退社した。

朝日新聞は、敗戦から九日目の八月二三日、社説「自らを罪するの弁」（罪する＝罰する――引用者）を掲載し、言論人としての自己批判を行った。『朝日新聞社史』[42] によれば、「その内容は『邦家が今日の悲運に立ち至った……責任は、決して特定の人々に帰すべきでなく、一億国民の共に偕に負うべきもの』であるが、『その責任には自ずから厚薄があり、深浅がある。特に国民の帰趨、輿論、民意などの取り扱いに対して最も密接な関係をもつ言論機関の責任は極めて重いものがある』として、新聞の責任を明らかにし」、さらに次のように紹介している。その時代のその時を共有する意味でやや長くなるが、その要約した全文を引用する。

「……吾人は決して過去における自らの落度を曖昧にし終わろうとは思っていないのである。いわゆる『己れを罪する』の覚悟は十分に決めているのである。過去における周囲の情勢と……吾人自身の態度とについては、……それぞれ一定の理由も説明せられないでもない。しかし今となって見れば、吾人の為すべき道は外になかったかどうか、……虚心坦懐に省みる必要がある。……吾人自ら如何なる責任も如何なる罪もこれを看過し、これを回避せんとするものではない。……同胞諸君に対しては如何なる贖罪もこれをなすに吝かなものではない。しかしながら、やがて連合国から来るべき苛烈な制約の下に、我が同胞の意志を如何に伸暢せしめ、その利益を如何に代表すべきか、これこそ今後の我が国言論界に課せられた新たなる重大任務である。……吾人は一面過去における吾人の責任を痛感し、如何にかしてこれを贖はんと苦慮しつつ、他面、明日の言論界の雄健なる発展を望んで止まないものである。……」

その後、朝日新聞社では、編集部門から社長ら幹部の責任が追及され、一一月五日、村山長挙社長以下一一人が退陣した。

読売新聞の場合は、「敗戦の年の一二月一二日、第一次読売争議の真直中、戦犯容疑で退陣する社長の正力松太郎と、従業員組合代表の鈴木東民との間で、協定覚書が成立し、読売新聞の新社長に正力が推薦する馬場恒吾の就任が決まった。これ以降、馬場は否応なく戦後最初にして最大の労働争議＝読売争議の渦中の人となった」(43)。読売では、主筆、編集局長の更迭を求める社員有志の要求を正力が拒否したため、社員大会は社長ら幹部の即時退陣要求となったが、正力が逆に鈴木東民らの退職を申し渡したことから第一次読売争議となった。しかし、鈴木らの解雇は撤回され、鈴木は馬場のもとで編集局長となったのだが、今度はＧＨＱの方針で馬場が鈴木ら六人の退職を求めたことから第二次争議に発展し、四日間、新聞の発行が停止になるなど、紛争は一年近く続いた。

同盟通信の場合は役員の総辞職により戦争責任を総括する機会がないままに解散した。

「……古野社長はじめ同盟役員（常務理事五人、常務監事一人）は全員が退陣、共同のトップである理事長には、古野の懇請を受けて中部日本新聞社専務だった伊藤正徳が就任した。大手各紙では戦後間もなく経営陣や編集トップの戦争責任を追及する民主化闘争が続発したが、共同では同盟役員が自発的に総退陣したために、そうした動きは起きなかった。このため、共同は早い時期に同盟の戦争責任を徹底的に反省し、総括する機会を逃した(44)」。

「共同通信労組『共同通信の労働運動五十年の歩み』（一九九七）によると、終戦後、民主化運動は全国に波及し、当時存在した日刊紙五六社のうち四四社で代表者が更迭された。（中略）一九九五年一一月六日、共同労組主催の『社長懇親会』で犬養康彦社長（当時）が『戦争責任についてわれわれは本当にきちんとした総括をしただろうか。共同は発足して食うことに精一杯で、基本的には総括していない。』と発言したことを紹介した。その上で、戦後、同盟通信の在り方に対する報道界の真剣で厳密な評価と反省がまだ確立されていないとして、この点、共同通信側の責任は特に重いとしている。しかし、問題提起だけに終わり、今日にいたっている。一方、『時事通信社50年史』（一九九五）には、同盟の戦争責任についての言及はない(45)」。

こうしたなかで、日本放送協会でも中堅職員が立ち上がり、まず逓信省出身の役員の辞職や官庁との絶縁を求めた。一〇月一六日、部課長会が協議の末、従業員一同の代表として、〇逓信系天下り理事の総退陣、○官庁との絶縁（協会を束縛する諸法規の撤廃）、○協会の機構、経営などを真に民衆の中に根を張ったものとすること、の三つの改革案を決議し、大橋八郎会長に提出した。さらに一〇月二五日、協会全職員が部課長会の提案に同意して職員大会を開き、○放送事業運営の徹底的民主化、○協会の自主性を阻害する逓信省出身者を中心とする首脳陣の退陣および官庁の干渉の排除、○職員団体の結成の三項目を決議した。

これを受けて、一〇月三〇日、臨時会員総会が開かれ、大橋会長は「（ＧＨＱの）指令の趣旨からいっても……単に番組面だけでなく、経営面でも自主的ならびに民主的に行わなければ放送の自由は期待しえないので、これがため協会では、まず自由な放送事業運営を規制する政府の監督事項を可及的に削除してもらいたいと考えている」とあいさつした。

総会はこのあと、役員人事の主務大臣による認可制廃止・評議員会制など放送事業の自主化と民主化を企図する定款改正案を可決、逓信院に対して認可申請した。逓信院は、聴取者参加を条件に一二月七日認可した。(46)

3　国策放送からＧＨＱラジオコードへ

八月三一日、ＧＨＱは早速、日本放送協会に対し最初の指令を発した。それは口頭で「米本土向け及び占領軍向け放送の施設を提供せよ」という命令だった。さらにＧＨＱは九月二日に指令第一号、翌三日に指令第二号を発し、そのなかで、日本政府に対して「放送を含む一切の無線通信施設を現状のまま保全し運用せよ」と命令した。これまで行っていた外国語による海外放送は、九月四日午前〇時以降一切禁止された（その後、日本政府とGHQの折衝で、未復員軍人および未引き揚げ者向けの放送に限って九月二六日から「在外部隊向け放送」を行うことが認められた）。

内幸町の放送会館は一部が接収され、GHQの組織のうち、検閲を担当するCCD（民間検閲支援）と番組指導を担当するCIE（民間情報教育局）のオフィス、それにAFRS（米陸軍放送網）の本部がそれぞれ設置された。「WVTRR」のコールサインで占領軍向けに放送していたAFRSの放送は九月二三日から始まり、AFRSはその後FEN（フェン放送）と変わった。

降伏文書調印から一週間しか経たない九月一〇日、GHQは占領目的の達成のため、「言論及び新聞の自由に関する覚書」を発表。これを手始めに、「プレスコード」「ラジオコード」を矢継ぎ早に発令した。このうち、「日本ニ与フル放送準則」通称「ラジオコード」は報道放送（ニュース）、慰安番組、情報及び教養番組、広告アナウンスに関する禁止事項が細かく列挙されている。報道放送については、AからKまで次の一一項目がならんでいる。

◇日本ニ与フル放送準則（ラジオコード）

報道放送

A　報道放送ハ厳重真実ニ即応セザルベカラズ

B　直接又ハ間接ニ公共ノ安寧ヲ乱スガ如キ事項ハ放送スベカラズ

C　連合国ニ対シ虚偽若ハ破壊的ナル批判ヲナスベカラズ
D　進駐連合軍ニ対シ破壊的ナル批判ヲ加ヘ又ハ同軍ニ対シ不信若シクハ怨恨ヲ招来スベキ事項ヲ放送スベカラズ
E　連合軍ノ動静ニ関シテハ公表セラレザル限リ発表スベカラズ
F　報道放送ハ事実ニ即シタルモノニタルベク且完全ニ編集上ノ意見ヲ払拭セルモノタルベシ
G　如何ナル宣伝上ノ意図タルトヲ問ハズ報道放送ヲ之ニ合致スル如ク着色スベカラズ
H　如何ナル宣伝上ノ意図タルトヲ問ハズ軽微ナル細部ヲ過度ニ強調スベカラズ
I　如何ナル報道放送ヲモ凱切ナル事実若シクハ細部ノ省略ニ因リ之ヲ歪曲スベカラズ
J　報道放送ニ於ケル報道事項ノ表現ハ如何ナル宣伝上ノ企図タルトヲ問ワズ之ヲ実現シ又伸長スル目的ノタメニ特定事項ヲ不当ニ顕著ナラシムベカラズ
K　報道解説、報道ノ分析及解釈ハ以上ノ要求ニ厳密ニ合致セザルベカラズ

報道放送については以上だが、検閲は厳しく、九月一一日から二五日までに放送原稿七一三本が検閲を受け、五本が全文禁止、七六本が一部削除となった。このようにCCDに提出された放送原稿（英訳文添付）に対しては、パス、一部削除、全文削除、保留の四種の検閲結果がつけられた。一九四六（昭和二一）年末の時点を例にとれば、GHQ批判、戦犯、アメリカ、憲法へのGHQの関与、天皇の神格化、食糧の危機など三〇項目について、放送検閲基準が規定されていた。

終戦連絡中央事務局第一部の資料によれば、「公表セラレザル連合国軍隊ノ動静及連合国ニ対スル虚偽ノ批判又ハ破壊的批判乃至流言ノ公表ヲ禁ズベキ事ノ三点ヲ指示シ来レリ。シカルニソノ後ニ於ケル日本政府、新聞、ラジオノ態度ハ連合軍側ヲ満足セシメズ、『ニュース』ノ取リ扱イニ誠意ノ欠クルモノアリトノ認定ノ下ニGHQハ九月一四日同盟通信社ニ対シ『ニュース』ノ撒布停止ヲ命ジ（タダシ翌一五日同社ハ国内通信社トシテノ活動再開ヲ許可サレタリ。）サラニ九月一八日ニハ朝日新聞、九月一九日ニハ『ニッポン・タイムズ』ガソレゾレ同様ノ理由ノ下ニ一カ月間ノ発禁処分ヲ受ケタリ。」「ナヲ、九月二〇日付ヲモッテ、総司令部ヨリ検閲関係連絡員ノ派遣要求シ来リ、爾来日本ノ新聞、『ラジオ』ソノ他ノ言論ニ対シ検閲ヲ実施シ居レリ[47]」。

マスメディア、とりわけ放送については、これを活用する一方、放送がアメリカの国益を阻害する情報を伝えることを禁止するとともに、アメリカにとって有害な情報の流布を検閲という手段で阻止した。

業務停止を受けた同盟はその時の慌てぶりを社史に「……同盟の突然の業務停止の影響は極めて大きく、同盟ニュースに全面的に依存していた日本放送協会は早速放送に支障を来たし、加盟社は新聞発行に難渋した」と記し、ニュースの配信に関しては、一一月一日、新しく共同通信社が誕生し、「共同発足時の加盟社は全国紙三社を含む新聞社六〇社（一一月六日にNHKが加わる）。これらの加盟社へのニュース送信は、同盟から共同に一瞬の切れ目もなく引き継がれた。……[48]」としている。

アメリカ政府は、日本が敗れる一年あまり前の一九四四（昭和一九）年六月ごろから、占領後の放送制度に関する議論をしていた形跡がみられ、日本本土を武力で制圧した後は、軍政府が直接管理するという方式が想定されていた。同四四年一〇月には、放送協会を分割して民間企業に売却する案が検討されたが、その時点では否定され、イギリスのBBCに範をとった経営方式の導入案が大勢を占めた。しかし、議論はそこまでで日本の降伏となったため、アメリカ政府は放送制度政策について、日本を占領管理するGHQにゆだねることになったという。

GHQの組織には、放送関係では占領開始直後から活動していたCCDによる検閲、CIEによる番組指導、CCS（民間通信局）による放送法制の見直しがあったが、CCSの動きが一番遅く、GHQは日本国憲法の公布を機に放送法制の見直しを指示した。こうして一九四六（昭和二一）年一一月、いわゆる電波三法、「電波法」、「放送法」「電波監理委員会設置法」の立法作業の幕開けとなった。この三法は三年半後制定され、このうち、「電波監理委員会設置法」は間もなく廃止されたが、他の二法は現在も施行されており、これが改めて議論されようとしている。

放送法制定作業で、いわゆる「ファイスナー・メモ」と呼ばれる「日本放送法に関する会議における最高司令部示唆の大要」（一九四七年一〇月二日付）が文書化されGHQ部内に配布された。ここには、立法の指針として放送の自由などの四原則、放送事業主体に行政委員会方式を取り入れた「自治機関」構想、民間放送会社の導入による複数競争方式への転換構想、さらに政府から独立した形の公共化に向けて制度の具体的な構想が示されていた。(49)

放送協会では敗戦を機会にかねてから強い希望のあった「話し言葉」と「自主取材」の夢が叶い、戦中からの報道部員が「記者」として取材をはじめ、四六年四月には、放送記者一期生の募集が行われ、二六人が合格した。六月一五日には、同盟通信記者からの転職組も含め一三人の報道部員が正式に「放送記者」の辞令を受け、続いて一期生も巣立っていった。

「NHK」の呼称は「Nippon Hōsō Kyōkai」の頭文字を採った略称で、CIEから「ローマ字三文字の呼称を決めよ」との示唆があり、放送協会内で検討した結果、英語名の頭文字JBCとかBCJの案もあったが、NHKに決まった。「三文字」というのは将来の民間放送設立に備えての含みがあったようだ。実施は四六年三月四日からだった。

ラジオ放送開始から実施されていた逓信省の検閲は、一九四五（昭和二〇）年一〇月一二日、GHQの方針によって廃止された。これに代わってGHQによる検閲が始まり、この検閲は一九四九（昭和二四）年一〇月一八日まで続いた。ラジオ放送が始まって実に二五年にわたってラジオニュースはすべて検閲下にあったことになる。

「ファイスナー・メモ」の生みの親

C. A.ファイスナー（Clinton A. Feissner）は1910（明治43）年、米ペンシルベニア州生まれで、ミシガン大学で国際法、極東関係を学び、米会計検査院などに勤務した後、軍に入り、1946（昭和21）年6月、来日。CCS調査課長代理、課長としてGHQの放送政策に携わった。日本の放送史にその名を残すことになった「ファイスナー・メモ」や逓信省に対する通信法規の改正勧告、電波監理委員会の設置を求めたマッカーサー書簡など、日本の放送政策の重要な節目ごとに大きな役割を果たした。

1947（昭和22）年8月27日、三木武夫逓信相が「放送国家管理」排除を表明した。続いて10月16日、ファイスナーはCCS職員が占領後2年間にわたって調査研究した「日本の放送に関する政策の実施」を盛り込んだ提言を逓信省、NHKに対して、今後策定されるべき関係法規の根本原則を口頭で示唆した。それは11項目あり、そのなかに、「放送の自由、不偏不党、公共サービスに対する責任の充足、技術的諸基準の順守という4つの一般原則の上に立つべきである」と明記されている。

ファイスナーは占領終結後も日本に留まり、蔵王に近い宮城県川崎町の自宅で狩猟を楽しみながら余生を過ごし、2010（平成22）年7月、99歳で亡くなった。

【番外】「玉音放送」録音原盤のナゾ

二〇一五（平成二七）年の夏、終戦の詔勅を朗読する昭和天皇の「録音原盤」から音声の再生に成功したと宮内庁が発表した。同時に再生された「玉音放送」のCDが公開され、放送各局のテレビ・ラジオから一九四五年（昭和二〇）年八月一五日の昭和天皇の朗読がクリアな音声で放送された。当時、「堪ヘ難キヲ堪ヘ忍ビ難キヲ忍ビ」の個所だけが多くの人の耳に残った昭和天皇の放送で、この再生の音声を聞いた人は、驚きと同時ににわかには信じられない思いだったのではないか。なぜならこの録音原盤は厚さ一ミリ程度のアルミ板にラッカーを塗布したセルローズ盤で、すでに劣化して音の再生は不可能だと専門家の間で言われていたからだ。

　ともあれ、宮内庁によれば、戦後七〇年に当たり、陛下のお許しを得て、録音原盤の再生を試みたところ、昭和天皇のお声の再生に成功しCDに録音することができた、という。この録音原盤は「大東亜戦争終結に関する詔書」を昭和天皇が二回朗読したもののうち、二回目の（正本）と印された二枚で、八月一五日正午の放送に使われたものだという。一方、放送に使われなかった一回目の（副本）と印されたものは三枚あり、このうちの一枚は「破損により再生不可」だったという。

　いずれにしても宮内庁に残っていた録音原盤は（正本）二枚（副本）三枚の合わせて五枚だったことになる。しかし、この枚数については、これまでいろいろな説があった。現人神（あらひとがみ）の朗読を録音するのに失敗は許されないとして、放送局の技術者四人が二台の円盤式録音機（ターンテーブルを使って針でカッティング。録音盤は一枚三分、朗読は四分三七秒、したがって最低二枚必要）で同時に録音したので、一回目、二回目ともに各二組なくてはならない。そこで、二組各四枚説、二組各六枚説、二組一二枚説、四組八枚説などがあった。

一番信憑性があると考えられるのは徳川義寛元侍従長の証言だろう。『徳川義寛終戦日記[50]』によると侍従だった徳川さんは録音終了後、陸軍徹底抗戦派（反乱軍）の奪取に備えて放送局側から録音盤を預かり、安全な場所に隠したことで知られている。この録音盤は信玄袋（手提げ袋の一種）のような布の袋二つに入れられていたという。

（1）録音盤　正（二回目）レコード（ディスク）六枚（片面）

（2）録音盤　副（一回目）レコード六枚（片面）中にある紙片に「副」「廃棄」と書かれている。

実は、『徳川義寛終戦日記』が出版される前に、筆者自身、一九九五（平成七）年夏に徳川元侍従長本人から日記そのものを見せていただき、そのくだりをNHK放送文化研究所の「放送研究と調査」（一九九五年八月）に『20世紀放送史』断章三〇「再検証〝玉音放送〟までの一二時間」と題して書いている。この徳川元侍従長説「二組（一回目、二回目とも）各六枚」は『昭和天皇実録』にも引用されているのだが、どこでどうなったのか、宮内庁に残っていたのは五枚だったというのは解せない。

なぜ録音盤の枚数が問題なのかと言うと、徹底抗戦派の乱入に備えて「玉音放送」を送出するスタジオを内幸町の放送会館を含めて四ヶ所以上に分散させる計画をたて、そのための準備を進めていたとみられる節があるからなのだ。

徹底抗戦派は八月一五日正午の重大放送が無条件降伏だと知ってクーデター計画を立てた。皇居を襲撃して録音盤と天皇の御璽を捜索するとともに、内幸町放送会館を一時占拠した。

これに対して、和平派（天皇の側近、政府、放送協会の首脳）は必死で「玉音放送」の実現に策を練り、実際に成功に導いたが、多くの記録が占領軍の上陸前に焼却され、その舞台裏は今も謎に包まれた部分が多い。

◇〝玉音〟の録音は二回か、三回か

録音に立ち会った関係者の著書などを総合すると、録音回数は二回が定説になっている。日本放送史資料—1「終戦詔勅放送関係者座談会〜一九六二・七」でも、一回目は「声が震えていた」ので、天皇自らの希望でとり直しをした。二回目も接続詞を飛ばした個所があり、さらに「もう一回」と三回目を希望されたが、下村宏情報局総裁が「これで結構です」と言って録音を完了したと記録されている。

ところが、太平洋戦争の研究者でGHQに勤務したことのあるレスター・ブルークスは「天皇は三回録音をとった」と次のように述べている。

「二回目の録音は順調に行った。しかし、終わった時、天皇は接続詞を一つ飛ばしたことに気がついてやり直しを求めた。三回目はすべてうまく行ったように思われた。長友（放送協会職員）は録音が満足すべきものだったことを確かめた。……三回目の詔書の読み上げが終わると、天皇は最後にとった録

音盤が再生される前に自動車に引き返した」[51]。レスター・ブルークスが言うように、仮に録音を三回とっているとすれば、それだけ録音盤の枚数が増えることになる。

◇米文書に〝電話録音〟の記載

さらに、この録音の際、宮内省にセットした二台の録音機以外に、電話で内幸町放送会館でも同時に秘密録音されていたという〝新事実〟が伝えられたことがあった。これはサンケイ新聞が特集「戦後三〇年特別企画」（一九七五年八月一五日付）のなかでスクープとして報道したもので、その内容はそれまでの記録にない〝衝撃的〟なものだった。

記事は、米国立公文書館で入手した〝米政府極秘文書〟『ＣＩＥ（ＧＨＱ民間情報教育局ラジオ課）の記録』のなかの「日本における放送その占領との関係（一九四六年）第3章 玉音放送」に記述されていたというもので、「ＮＨＫでも秘密録音　宮中から電話線で　首かしげる当時の技術陣」という見出しがついていた。後に筆者が入手した原文によると、〝電話録音〟の部分は次のように書かれている。

「As an additional safeguard, the engineers tied in the recording amplifiers to a telephone line leading from the Imperial Household Ministry building to the recording room in Radio Tokyo……」

（さらに安全を期するため、技術者は録音増幅器から電話線につないで、宮内省からラジオ・東京の録音室へ接続した――筆者）

サンケイ新聞は、実際に皇居で録音に当たった四人のうちの三人の技術者（いずれも故人）に問い合わせ、そのときは「器材も時間もなかったはず」という談話を同じ紙面に載せている。しかし、電話録音は当時でも技術的に不可能ではなく、不穏な情勢から判断すれば、そのくらいのことはやれないことはなく、完全に否定する材料がでない限り、米側の記録を無視することはできないのではないか。残りの録音技術者一人とは筆者が文通を交わすなかでこの件について問い合わせたが、明確な答えが得られないまま、亡くなった。

◇数ヶ所のスタジオに録音盤の分散を計画か

同じサンケイ新聞の特集に録音担当の技術者の話として、「録音盤は四組八枚。第一生命（予備スタジオ）、川口（放送所）にも配備」と「玉音放送」の送出スタジオを四ヶ所想定していたという記事が出ている。これを裏付けるのかどうか、下村海南（宏）著『終戦秘史』には、徹底抗戦派の制圧で「玉音の放送も昨夜放送所を使うに及ばず、無事保管されし録音盤により放送会館にて予定通り放送されるのである」という記述がある。

「玉音放送」を放送したのは内幸町放送会館の第八演奏室で、その他に地階の予備放送室と第一生命地下放送室がスタンバイされていた。仮に送出スタジオを四ヶ所想定した場合、録音盤は一組二枚としても四組八枚、一組三枚なら一二枚必要になる。

では「玉音放送」終了後、放送局から宮内庁（当時は宮内省）に戻された録音原盤はどのように保管されていたのか。宮内庁は以下のように説明している。

まず、（正本）の方は一九四六（昭和二六）年七月一一日から一九日までCIE（GHQ民間情報教育局）へ貸与され、返還後は内廷物品として御文庫（現・吹上大宮御所）で保管。一九九六（平成八）年一〇月二四日、用度課（三の丸尚蔵館）に移され、その後、用度課の金庫室に厳重に保管されていたという。

（副本）は一九七五（昭和五〇）年五月二二日、宮内庁侍従職がＮＨＫの交付願いに対して、録音原盤（七枚）の「お貸し下げ」を行った。いずれも痛みがひどく、およそ一年間修復作業を行ったが、音声の再生はできないまま、現在、ＮＨＫ放送博物館で保管、展示されている。

ところで、（正本）が収められた缶には（正本）五枚の他、なぜか昭和天皇の「食糧問題に関するお言葉」の録音原盤一枚が交じっていた、という。これは、戦後の食糧難だった一九四六（昭和二一）年五月二四日にラジオ放送されたもので、その録音原盤には録音当日の「昭和二一年五月二三日」と「二回目」という記載があり、録音が「一回目」もあったことを想定してか宮内庁は「他にも録音原盤が作製された可能性はある」とわざわざ断っている。実は、この食糧問題に関する録音原盤はこれまで行方不明になっていたものだという。こうしてみると、終戦詔勅の「玉音放送」といい、食糧問題の「お言葉」といい、随分ズサンな保管の仕方だったのではないか。

付け加えれば、（正本）と印された録音原盤が占領軍（ＧＨＱのＣＩＥ）に貸与された日付けに注目すると、一九四六年七月一一日から一九日までとなっている。しかし、先に紹介した『徳川義寛終戦日記』には、「録音盤正副各六枚」の記述の後に、次のように書いてあり、録音原盤は占領軍に二回持ち出された可能性がある。

「但　正の録音盤（二回目）は昭和二一年（月日不明―引用者）ＧＨＱに提出し、同年五月二一日返戻された。缶の経八寸七分、厚さ一寸五分、缶の上に次のように記されている。

A set of Recording of Imperial Rescript Read by The Emperor on 15 August 1945 Central Liaison

Office（political sect）」

宮内庁は、七月に貸与したときには「占領軍の借用の趣旨は公文記録のための複写作成となっていて、宮内省は目的以外の使用禁止を条件に貸与した」と説明しているが、なぜか徳川元侍従長の「GHQに提出」「五月二二日返戻」の件には触れていない。

徳川元侍従長の記述に信憑性があると考えられるのは、「玉音放送」の録音と送出を担当したNHK技術職員の次のような証言記録をみてもわかる。

この記録はNHK放送開始五〇年を前に作成された「終戦の玉音放送録音原盤について」（一九七五年五月二九日）で、一九四六年五月ごろ、GHQの将校（名前、階級不明）がNHKに来て、CIEの専属技術者春名静人に、持参した天皇の録音盤（七八回転盤）二枚を渡し、アメリカ製の直径五〇センチの大きな録音盤（三三・三分の一回転盤）一枚にダビングさせた、というものだ。

そのとき、春名は自分用にアメリカ製の五〇センチ盤一枚にダビングし、それを「将校から譲り受けた」という。しかし、日本には当時五〇センチ盤の再生装置がなかったので、自宅に置いたままにしていたところ、一九六二（昭和三七）年、「玉音放送」の音源を探していたNHKが春名からその録音盤を借用して、磁気テープに録音した、という。

NHKは敗戦後まもなくGHQに接収され、六階建ての放送会館の中は、占領政策のメディア対策（監督と指導）を担当するCIEと検閲を担当するCCDとがNHKと同居していた。春名は天皇の録音を担当した四人のうちの一人で、一九四六（昭和二一）年四月〜一〇月までCIEに出向していた。春名が亡くなったとき、朝日新聞（一九八九年三月二七日朝刊）は次のように伝えている。

「春名　静人氏（はるな・しずと）（三月）二五日午後二時五五分、東京・府中市の病院で死去、六七歳。昭和天皇の終戦時の『玉音放送』を録音したＮＨＫ技師の一人。玉音盤のコピーをひそかに自宅に保存、宮内庁が保存していた原盤がひび割れして再生不能になった後の昭和三七年、磁気テープに写しかえた。現在、テレビやラジオで使われる『玉音放送』はこのコピーが基になっている。」

こうした経緯をみてくると、「玉音放送」の録音原盤は占領軍に一回は接収され、二回目は貸し出されるという運命をたどった可能性がある。それがどこかで録音盤ないしＣＤにダビングされ、二〇一五（平成二七）年の宮内庁の発表まで私たちは放送時のオリジナルでない「玉音放送」のコピーの音声を映画・テレビ・ラジオで耳にしていたことになる。（ちなみに、私の手許にも、雑誌『新潮45』（二〇一〇年八月号）付録のＣＤ、小森陽一『天皇の玉音放送』（五月書房、二〇〇三年）のＣＤ、ＮＨＫアナウンサー史編集委員会編『アナウンサーたちの70年』（講談社、一九九二年）のＣＤがある。）

筆者は『20世紀放送史』（ＮＨＫ出版、二〇〇一年）の「玉音放送」の部分を担当して以来、長らくこの謎を追ってきたが、いまなお謎は謎のままである。

（1）朝日新聞社百年史編修委員会編『朝日新聞社史　昭和戦後編』朝日新聞社、一九九五年。
（2）春日由三著『体験的放送論』日本放送出版協会、一九六七年。
（3）後に国内局長として「玉音放送」に立ち会う
（4）日本放送協会『調査時報』一九三四年一二月号。
（5）日本放送協会編『20世紀放送史〈上〉』NHK出版、二〇〇一年。
（6）「NHK報道の記録」刊行委員会『NHK報道の50年』近藤書店、一九八八年。
（7）日本放送協会編『日本放送史〈上〉』日本放送出版協会、一九六五年。
（8）田邊純『松方三郎とその時代』新聞通信調査会、二〇一八年。
（9）同前。
（10）共同通信社社史刊行委員会編『共同通信社50年史』一九九六年。
（11）前掲『松方三郎とその時代』。
（12）内閣情報局編「大東亜戦争放送のしるべ」第一八集、一九四二年。
（13）柳澤恭雄『検閲放送―戦時ジャーナリズム私史』けやき出版、一九九五年。
（14）同前。
（15）竹山昭子『戦争と放送―史料が語る戦時下情報操作とプロパガンダ』社会思想社、一九九四年、同『玉音放送』晩聲社、一九八九年。
（16）日本放送協会編『放送50年史資料編』（日本放送出版協会、一九七七年）には、八月一五日に放送された主要ニュース七七項目が掲載されている。
（17）前編は二〇一七年八月号、後編は九月号に掲載。
（18）清沢洌著・橋川文三編『暗黒日記〈3〉』筑摩書房、二〇〇二年。

(19)前掲『20世紀放送史〈上〉』。
(20)朝日新聞一九四四年一二月一五日、一九日付。
(21)東京空襲を記録する会編『東京大空襲・戦災誌〈第4巻〉』東京空襲を記録する会、一九七三年からの再引用。
(22)罹災聴取者およびラジオ業者被害受信機等調査表一九四六年四月現在。
(23)日本放送協会編『日本放送史』日本放送協会、一九五一年所収、白須清(元京城中央放送局アナウンサー)の聞き書きの要約。
(24)同前『日本放送史』。
(25)戦後、参議院議員を三期務める。著書に『ある終戦工作』中公新書、一九八〇年。
(26)北川節郎『ピース・トーク　日米電波戦争』ゆまに書房、一九九六年。
(27)前掲『共同通信50年史』。
(28)玉川一郎「敗戦日記より」『文藝春秋』一九四五年一一月号。
(29)藤原彰・粟屋憲太郎・吉田裕編『昭和20年/1945年—最新資料をもとに徹底検証する』小学館、一九九五年。
(30)「THIS IS 読売」読売新聞社、一九九四年一一月号。
(31)NHKの映像資産を管理している「NHKアーカイブス」が入っている。
(32)帝国海軍航空隊司令のビラには「天皇ノ軍人ニハ絶対ニ降伏ナシ」などと書かれていた。
(33)NHK放送文化研究所編『放送文化』一九六八年八月号。
(34)下村海南『終戦秘史』講談社学術文庫、一九八五年。
(35)前掲『日本放送史』。
(36)レイモン・カルチェ『実録　第二次世界大戦5　連合国の勝利』小学館、一九九〇年。
(37)同前。

(38)朝日新聞一九四五年九月三日付。
(39)前掲『検閲放送』。
(40)帝国議会衆議院議事速記録一九四五年九月六日。
(41)毎日新聞百年史刊行委員会編集『毎日新聞百年史』一九七二年。
(42)前掲『朝日新聞社史　昭和戦後編』。
(43)御厨貴著『馬場恒吾の面目―危機の時代のリベラリスト』中央公論社、一九九七年。
(44)前掲『共同通信50年史』。
(45)鳥居英晴『国策通信社「同盟」の興亡―通信記者と戦争』花伝社、二〇一四年。
(46)日放労史編纂委員会『日放労史』放送労働運動年表、一九七九年。
(47)粟屋憲太郎編『資料　日本現代史3』「執務報告」第一号、終戦連絡中央事務局第一部資料八七。
(48)前掲『共同通信50年史』。
(49)内川芳美「戦後日本の放送政策〈下〉」日本放送協会編『放送学研究』一九六五年一一月号。
(50)徳川義寛『徳川義寛終戦日記』朝日新聞社、一九九九年。
(51)レスター・ブルークス著・井上勇訳『終戦秘話―一つの帝国を終わらせた秘密闘争』時事通信社、一九八五年。

あとがき

この本の「はじめに」の最後に「次世代を担うジャーナリストたちがジャーナリズムの対極にあるような仕事を強いられずにすむ世の中を望む」と書いた。が、それがそんなに単純なことではないのが人間の歴史なのだろう。文豪トーマス・マンは、欧州戦の終結後、アメリカの新聞経営者ジョゼフ・ピュリッツアー宛にベルリン、ニュルンベルグの戦争裁判に関するアンケートに答える形で次のような手紙を書いた。

「……国民社会主義に肩入れし、それに奉仕した、実に責任の重い知識階級はどうするのか。……哲学者たちは。地政学者、戦争地理学者、人種論教授と国防教授、ナチの法を講じることで、そうと知りつつ法を曲げた裁判官は。ロシア人、ポーランド人、ユダヤ人を生体解剖した医師は。ナチ新聞の記者、一二年ものあいだ国民に危険極まりない精神的麻薬を飲ませ続け、これを破滅にやった雑誌編集者は。この連中はいずれも戦争犯罪人ではないか。いや、ことによるともっとも厳しく罰せられてしかるべき人々ではないか。……」（トーマス・マン、森川俊夫・佐藤正樹・田中暁訳『トーマス・マン日記1944-1946』紀伊国屋書店、二〇〇二年、七六九～七七一頁）。

この手紙は一九四五（昭和二〇）年八月四日付なのだが、なぜか四日後の八月八日の日記に「私の文章を取り下げる旨、電報を打つことに決める」とある。その理由について、ドイツのジャーナリズム研究者ノルベルト・フライとヨハネス・シュミッツは共著『ヒトラー独裁下のジャーナリストたち』

(五十嵐智友訳、朝日選書、一九九六年)の「まえがき」で、「たぶん、一時の激情に駆られて手紙を書いたことを反省したためであろう。それにもまして、次第に問題に確信を持てなくなったためであろう。この懐疑的な作家は、事柄を詳細に観察すればするほど、一筋縄で処理できるような簡単な問題でないことに気付いたのではあるまいか」と推量している。凡人の筆者としては手紙を取り消さないで、大論争を招いてほしかったと残念に思う。

筆者は一九四二(昭和一七)年四月、前の年に尋常小学校から少国民を育てるために改称された国民学校(〈優レタ皇国民ニナルタメノ錬成〉を目的とした)に入学し、東京大空襲の後、疎開を余儀なくされた一人だ。太平洋戦争の開戦から敗戦までの知識はあと知恵で、戦争のプロセスを目の当たりに逐一知ることができたのは朝鮮戦争でもベトナム戦争でもなく、テレビニュースによる湾岸戦争(一九九一年一月)だった。この戦争でアメリカのマスメディアはホワイトハウス、ペンタゴンの要請を受け入れて報道管制、検閲、代表取材に応じ、戦争に敗れたのは「イラクとメディアだ」といわれたくらいだ。

当時、NHKのラジオ番組で原寿雄元共同通信編集主幹(故人)にインタビューしたことがある。原さんは「戦争が起これば、最初の犠牲者は真実である。The first casualty when war comes is truth」という言葉を教えてくれた。この言葉は、第一次世界大戦後の一九一七年に米国上院議員ハイラム・ジョンソンが語ったもので、戦争報道の難しさを的確に物語っている。この言葉が本書を書くきっかけとなった。

この本を書くに当たって改めて気が付いたのは、放送局に三〇年余り勤めながら、戦前・戦中のラジオについてまったくと言っていいほど知らなかったことだ。そこで、主として以下の資料・文献のなかからとくにラジオと戦争のかかわりについて多くを教わり、多くを引用させていただいた。ここにお礼を申し上げたい。

日本放送協会編の『ラジオ年鑑』一九四七年、『日本放送史』(35年史)一九六五年、『放送五十年史』一九七七年、『20世紀放送史』二〇〇一年、雑誌『放送研究と調査』などの出版物。『朝日新聞社史』、『毎日新聞社史』、『読売新聞百年史』、『共同通信50年史』などのマスコミ各社の社史。

また、「NHK報道の記録」刊行委員会『NHK報道の記録』近藤書店、一九八八年。NHKアナウンサー史編集委員会『アナウンサーたちの70年』講談社、一九九二年。『昭和天皇実録』宮内庁編CD版。『昭和天皇独白録　寺崎英城・御用掛日記』文藝春秋、一九九一年。徳川義寛『徳川義寛終戦日記』御厨貴・岩井克己監修、朝日新聞社、一九九九年。『GHQ歴史課陳述録─終戦資料〈上〉』原書房、二〇〇二年。柳澤恭雄『検閲放送─戦時ジャーナリズム私史』けやき出版、一九九五年。秦郁彦『昭和史の謎を追う』(下)文藝春秋、一九九三年。竹山昭子『戦争と放送─資料が語る戦時下情報操作とプロパガンダ』社会思想社、一九九四年。北山節郎『ピース・トーク　日米電波戦争』ゆまに書房、一九九六年。松浦総三『天皇裕仁と東京大空襲』大月書店、一九九四年。茶園義男『密室の終戦詔勅』雄松堂出版、一九八九年。中村政則編『年表昭和史1926-2003』岩波ブックレット、二〇〇四年。

この本の出版に当たっては多くの人のお世話になった。まず、NHKをリタイア後、『20世紀放送史』の編纂で「玉音放送」の項などの担当を勧めてくれたNHK放送文化研究所の皆さんにお礼を申し上げる。なかでも当時、徳川義寛元侍従長とのインタビューの機会をつくってくれた田中克己元NHKプロデューサーに感謝したい。また、旧知の共同通信元記者田邊純氏には終始、励ましてもらった。旬報社の木内洋育社長には多くのご教示をいただき、厚くお礼申し上げます。放送を生業にし、活字メディアに疎い筆者にとって誠に心強い存在だった。旬報法律事務所の島田修一弁護士と徳住堅治弁護士が木内社長を紹介してくれなければこの本は陽の目をみることはなかった。その意味で両弁護士に心から感謝を申し上げたい。

秋山　久

〈著者紹介〉
秋山　久
（あきやま・ひさし）

1935年東京生まれ。早稲田大学第２政経学部卒。1962年からNHK放送記者として、東京、鹿児島、福岡、山口、大阪で勤務。その間、ラジオ第1の「NHKジャーナル」、BK発テレビ「土曜ワイドきんき」などでニュースデスク、ニュースキャスターを務める。退職後、東京経済大学、明星大学で非常勤講師。現在、フリージャーナリスト。これまでに執筆したもの。解説「原彪日記～日本社会党結党前夜」『エコノミスト』4回連載。「テレビ時評」『エコノミスト』60回連載。「ミニTV史」『朝日クロニクル週刊20世紀』48回連載。「放送の歩みと暮らし」『くらしと産業』くらしのリサーチセンター。「ジャーナリストの志　児玉隆也38年の軌跡」『早稲田学報』2008年10月。NHK中国本部編『帰って来たSL～山口線の旅～』日本放送出版協会、1979年、「タナ上げされた志布志湾開発」NHK社会部編『日本公害地図第２版』日本放送出版協会、1973年ほか。

君は玉音放送を聞いたか
ラジオと戦争

2018年　8月15日　初版第1刷発行
2018年11月30日　　　第2刷発行

◉著者　秋山　久
◉装丁　坂野公一（welle design）

◉発行者　木内洋育
◉発行所　株式会社旬報社
〒162-0041 東京都新宿区早稲田鶴巻町544
TEL 03-5579-8973　FAX 03-5579-8975
◉ホームページ　http://www.junposha.com/

◉印刷製本　シナノ印刷株式会社

ISBN978-4-8451-1553-2